T0283123

Mi rey caído

Mi rey caído

Juan Carlos I de España

Laurence Debray

Traducción de
Alfonso Barguñó Viana

Papel certificado por el Forest Stewardship Council®

Penguin
Random House
Grupo Editorial

Título original: *Mon roi déchu. Juan Carlos d'Espagne*
Primera edición: abril de 2022

© 2021, Laurence Debray
© 2022, Penguin Random House Grupo Editorial, S.A.U.
Travessera de Gràcia, 47-49. 08021 Barcelona
© 2022, Alfonso Barguñó Viana, por la traducción. Revisada por la autora

Printed in Spain – Impreso en España

ISBN: 978-84-18619-99-1
Depósito legal: B-3.067-2022

Compuesto en Pleca Digital, S. L. U.
Impreso en Romanyà Valls, S. A.
Capellades (Barcelona

C619991

A Émile Servan-Schreiber

Índice

Todo lo que saca a la luz el esfuerzo del hombre, aunque sea por un día, me parece saludable en un mundo tan dispuesto al olvido.

MARGUERITE YOURCENAR,
Memorias de Adriano

Nota a la edición española

Estas páginas las escribe una historiadora francesa, pero también una amiga de España que recibió de sus padres más que una afinidad, un legado, un vínculo casi sagrado con ese país; con su compromiso político, con su literatura. Crecí en París, rodeada de auténticos militantes de izquierda, sinceros y devotos; latinoamericanos y franceses. A finales de los años ochenta, me trasladé a Sevilla con mi familia. Una mudanza temporal pero saludable, que me sumergió en otra lengua, otra dinámica nacional, otra densidad histórica. Quedé prendada del aroma del jazmín y de las calles del barrio de Santa Cruz. Me fascinó la Transición: ese milagro político, rápido y pacífico que adopté como tema de mis estudios de Historia en la Sorbona. Luego escribí una biografía del rey Juan Carlos y realicé un documental sobre él en el que habló con franqueza poco antes de su abdicación. Mi objetivo era el de explicar al público francés la dinámica de la historia contemporánea de su vecino del sur, cuyos engranajes conoce mal. Y también el reconocimiento de un destino fuera de lo común que en definitiva pertenece tanto a la historia mundial como a la de España. Al reconciliar a los españoles, Juan Carlos también reconciliaba a Europa con su historia y sus desafíos. Podría haber sido una brújula política de talla internacional. Hoy, treinta años después de la caída del Muro de Berlín, que en teoría confirmó su triunfo, las democracias se enfrentan a una gran amenaza. Los valores democráticos están en retroceso en todo el mundo: el Estado de derecho ya no significa un logro definitivo y los procesos electorales ya no son garantía de legitimidad. Ante esta crisis histórica de la libertad, Juan Carlos, único ejemplo de líder autocrático convertido voluntariamente en líder democrático, podría haber sido el abanderado de los pueblos que luchan por su emancipación, convirtiendo a España en un referente en el corazón de la lucha política del siglo. Pero, por despreocupación y discreción, el rey Juan Carlos decidió no serlo. Y España, por despreocupación y amnesia, tampoco lo fue.

Para una francesa, educada en el ensalzamiento de sus héroes útiles y en la conmemoración de sus hazañas, es un hecho sorprendente. Nuestra «novela nacional» resalta las gestas de nuestro país y sus valores históricos, hasta el punto de que Napoleón reconoció que «la historia es una mentira que no se discute». Nuestros motivos de discordia quedan ocultos tras los episodios de orgullo mediante maravillosas puestas en escena inculcadas desde el parvulario y fomentadas por una política estatal. De Gaulle destacó en ese arte como un fantástico director de orquesta. Pese a parecer arrogante, para aspirar a un futuro optimista es mejor un pasado glorioso. Los héroes caídos, que bien podrían arrastrar al país con ellos, mejor dejarlos en el armario.

Juan Carlos sigue siendo un problema para España. Su ausencia de casi dos años no deja de obsesionar a los españoles; la más mínima noticia, aunque sea falsa, acapara los medios de comunicación. ¿Es por mala conciencia que se mantiene a un hombre en el ocaso de su vida lejos de su casa y su familia mientras la justicia se esfuerza por encontrar una razón válida para condenarlo? Como francesa, admiraba a España por su sentido del clan, la importancia de la familia, sus vínculos sagrados, sus ritos festivos. Pero esta vez la intransigencia triunfó sobre la tolerancia, en detrimento de la cohesión familiar; quizá, incluso, nacional. ¿Qué imagen pretende dar España tratando de esa manera a su antiguo héroe? A la inversa de la autocelebración francesa, los españoles se entregan a la autoflagelación, a la auto-denigración, a revivir heridas y luchas fratricidas. Al final, cada país tiene sus propios rasgos de carácter.

No soy ni juez ni abogada. No excuso ni acuso de nada. Reconozco los deslices morales del rey emérito, que no debe-rían impedir el reconocimiento del papel histórico decisivo del que España se ha beneficiado durante casi cuarenta años. Recla-mo una visión cercana pero distanciada; la de una espectadora en primera fila que no tiene acceso a los camerinos, la de una extranjera acostumbrada a frecuentar el poder político francés, donde sin correrías amorosas un jefe de Estado se vuelve sospe-choso.

Este libro narra el encuentro de una heredera roja, laica, republicana y cartesiana, nacida en el progreso y la libertad de los años setenta, con un heredero azul, católico, español y de raíces europeas, criado en medio del recuerdo de la Guerra Ci-vil y de la Segunda Guerra Mundial. Todo nos enfrenta: nuestro origen social, nuestra época, nuestra cultura política. Él, sucesor de un dictador y descendiente de un linaje real; yo, educada entre guerrilleros e intelectuales de izquierda. Un cuadro im-probable. Ni siquiera deberíamos habernos entendido. ¿Se debe acaso al impecable francés del rey en el que nos comunicamos? ¿Será porque los franceses, herederos de la Revolución, sabemos apreciar a un héroe de la democracia, aunque lleve corona?

Quiero también rendir homenaje a una generación de es-pañoles y europeos, algunos de los cuales tuve la suerte de co-nocer, que en particular colaboró con Juan Carlos, guiada por una visión de futuro, e inspirada en un proyecto nacional e in-ternacional. A una generación emancipada y decidida, la de mis padres. ¿Fue por haber vivido bajo la dictadura o por haber co-nocido la guerra, el exilio y la clandestinidad que se hicieron más fuertes en la adversidad? Gracias a su compromiso tenemos hoy libertad de pensamiento y una amplia comodidad econó-mica. Gracias a su audacia hemos visto progresar a nuestra socie-dad. Reivindico el derecho a desmitificarlos, pero sin devaluar sus éxitos y logros. Porque en la época actual, forrada de virtudes y barnizada de transparencia, en la que está de moda *cancelar* y condenar sin clemencia, nos olvidamos con demasiada frecuencia de reconocer y agradecer.

Enero de 2022

Prólogo

En la madrugada del 3 de agosto de 2020, cuando España se sofocaba bajo el calor, Juan Carlos decidió soltar amarras, salir con sigilo por la puerta trasera del Palacio de la Zarzuela y reanudar el exilio de su infancia. Seis años antes se había despojado de su corona. Esta vez, se despojaba de su reino. Un hombre de ochenta y dos años, debilitado por veinte operaciones —una de ellas a corazón abierto—, decidió desaparecer. ¿Tiene derecho un rey a desertar de su país como un furtivo soldado que huye del combate?

Sometido a la presión mediática, gubernamental y familiar, no le quedó otra opción. Demasiados escándalos, demasiadas cuentas bancarias astronómicas en paraísos fiscales, demasiadas amantes. No hurtó de las arcas del Estado; se benefició de los regalos y prebendas del rey de Arabia Saudita y de otros conocidos dueños de fortunas. ¿En nombre de la amistad o a cambio de servicios? El misterio permanece. En todo caso, se convirtió en el reprobado «padre de la nación», en una figura incómoda para su hijo Felipe VI y en un abuelo poco recomendable. Condenado por los medios y las redes sociales aun antes de presentarse ante los tribunales. De hecho, por el momento, no lo persigue la justicia. Pero debe expiar sus faltas, hacer penitencia, esfumarse. Una patética salida de escena para quien democratizó el país después de cuarenta años de dictadura, que lo salvó de un golpe de Estado y le aseguró el periodo de crecimiento más prolongado de su historia. Su tiempo ya pasó: el hombre que brilló durante el siglo XX no supo comprender ni adaptarse al siglo XXI, y decide eclipsarse. No se pliega a las normas actuales de lo políticamente correcto, ni a sus valores ni a sus maneras.

Ahora reside en los Emiratos Árabes Unidos, inaccesible, en un país donde reina el secreto, donde los paparazzi y los periodistas no pueden acceder, donde la Edad Media convive con la modernidad, y donde lo acogen como a un monarca de su rango. ¿Cómo no ver en la elección de este destino un rechazo a la decencia, una última afrenta a la opinión pública? Juan Carlos decide dar la espalda a Occidente y a su ética. Por despecho, seguramente. También en pos de una estabilidad material. Y, lo más fundamental, para apartarse de la presión mediática; para escapar de la difusión de la imagen del soberano envejecido, afectado, inmoral. Una imagen que podrá sepultar la arena del desierto. El precio que debe pagar es el desarraigo. Juan Carlos, después de haber sido el guía de su país, es ahora un mero espectador lejano de los sufrimientos que este atraviesa. ¿Es frustrante o es un alivio? ¿En qué piensa en la suite de hotel con vistas a los rascacielos de Abu Dabi cuando un ministro republicano de la extrema izquierda insulta a su hijo en las Cortes u obstaculiza el buen funcionamiento de la Corona? ¿O cuando su familia se reúne sin él en Madrid para asistir al entierro del hijo de un amigo de su infancia? ¿Es presa del enfado, la nostalgia o los remordimientos? ¿Le asusta enfrentarse a la vejez alejado de los suyos, o a morir como un rey condenado al ostracismo?

Si finalmente regresara a España, sería un rey caído, un rey maldito. Ya fuera para someterse a la justicia o a una jubilación convencional. A los viejos leones se les permite volver a su territorio para morir. Incluso los elefantes tienen su cementerio, y los miembros de la familia real, su necrópolis milenaria. Pero el daño está hecho, se han revelado sus negocios, y siempre se cernirá sobre él una sombra. Incluso si los tribunales no aportan una prueba contundente. En España su destino está decidido.

Juan Carlos nunca tendrá una vida «normal». Se enfrentó a situaciones y tomó decisiones que ni podemos imaginar. Ni tan siquiera comprender. Detrás del monarca, está el hombre con sus angustias, sus sentimientos y sus dudas. Un hombre en el umbral de la muerte, que parece no distinguir entre el bien y el mal, que ha perdido el norte. Pero este hombre encarna un vestigio de España, del Estado español, de su pasado. ¿Qué quedará después de su muerte? El Rey no ha forjado su leyenda, sus compañeros de viaje ya han muerto o están en declive. Sobrevivirán recuerdos lejanos que apenas se mencionarán en las escuelas, manipulados por políticos populistas carentes de escrúpulos.

Cuando se fue, Juan Carlos se llevó consigo una página ejemplar de la historia española, una transición democrática aterciopelada, a menudo olvidada o banalizada por una generación de españoles que desconocen esta deuda. El Gobierno actual, una coalición frágil que va de la izquierda a la extrema izquierda, aliado con los independentistas vascos y catalanes, formado con mucho esfuerzo después de tres elecciones, desea hacer tabla rasa del pasado y librarse del viejo héroe. La vida privada del viejo monarca, disoluta y reprensible, que enturbia su obra política, no hace más que nutrir el discurso reinante. La Corona se ha convertido en una institución débil que debe justificar su utilidad día tras día. La monarquía ya no está garantizada: es controvertida y cuestionable. Felipe VI lleva el timón con esmero y austeridad. Aún no ha conquistado el corazón de los españoles, pero se ha ganado su confianza, vigilante.

Al partir, Juan Carlos sale brutalmente de mi vida. Desde haces varias décadas, estudio su destino, lo escruto, lo analizo. Hoy se abre un nuevo capítulo. Llega el momento de examinar la relación tan duradera y fundamental que comparto con él, este apego tan platónico como fiel. ¿Qué es lo que une a una «hija de revolucionarios» y a un rey?

Nací en un entorno intelectual y político —en aquella época, ambos estaban vinculados— francés e hispánico. Crecí a la sombra de pensadores y dirigentes, de personajes inspirados e inspiradores. Conozco las euforias y las desilusiones del poder. Lo he sentido demasiado cerca como para que me impresione. Los monarcas, con sus castillos embrujados, sus protocolos pomposos y sus tiaras centelleantes, nunca me han fascinado. Los vestidos de etiqueta y las ceremonias oficiales deslumbraron mis ojos de niña, pero he acabado por considerarlos aburridos y vanidosos. Con él, es diferente. Juan Carlos carece de glamour, de castillos majestuosos; no organiza ceremonias fastuosas. En este sentido, difiere del estereotipo de rey, encarna al antimonarca, alguien que no fue aplastado por el peso de la corona, ni se dejó encorsetar por las tradiciones ni sus obligaciones. Poseía la inmensa ventaja de ser guapo, joven, atlético, carismático y de reinar en un país que me conquistó tras vivir un periodo maravilloso, una adolescencia despreocupada, a finales de los años ochenta y principios de los noventa.

Me devolvió la confianza en la política. Era el héroe de una historia que acababa bien: logró, contra todo pronóstico, la transición de una dictadura a una democracia, de una monarquía absoluta a una monarquía parlamentaria, de forma pacífica y rápida. Una obra maestra e inesperada de la política. Yo estaba demasiado acostumbrada a los golpes de Estado latinoamericanos y a las decepciones políticas francesas como para no agradecérselo. Él simbolizaba entonces la libertad, la vitalidad, la modernidad. Era el rostro de una nueva España, efervescente y alegre. El poder, por lo tanto, no siempre conllevaba lágrimas y amargura.

Tras aquel éxito histórico, me intrigaron algunas sombras, debilidades, fisuras que provocaron su caída. Socavó su aura, como si le deslumbrara su propio personaje. Como si no pudiera escapar a la fatalidad del destino de sus ancestros muertos en el exilio. Finalmente, la realidad nunca es plana y no existen los cuentos de hadas, ni siquiera en el caso de los reyes. Los santos solo se encuentran en la religión. Es una lástima. Quisiéramos aferrarnos a héroes, pero solo tenemos hombres a nuestra disposición.

Su vida es una novela; Juan Carlos se ha convertido en «mi» novela. Es necesario poner un punto final. Puesto que decidió retirarse antes de morir, yo también debo concluir.

He aquí su historia tal y como la he percibido.

Érase una vez un príncipe. Que fue encantador y luego fue maldito.

Se llamaba Juan Carlos, o Juanito para los amigos.

No era exactamente un príncipe: era el nieto de un rey. Pero de un rey sin reino, forzado a vivir exiliado en Italia, aunque su país, en el que reinaron sus ancestros borbones durante tres siglos, era España.

Si su abuelo Alfonso XIII no hubiera perdido la Corona, si no se hubiera largado justo antes de la proclamación de la Segunda República en 1931, nuestro «casi príncipe» habría llegado al mundo en un suntuoso palacio de Madrid. Pero nació en Roma, en una clínica. Sin pompa, sin protocolo. No es más que el hijo mayor del heredero al trono español, don Juan, y de una prima, doña María de las Mercedes, descendiente del rey de Francia, Luis Felipe. Su sangre, por tanto, es de un azul profundo. Además, no le faltaron los buenos presagios de las hadas madrinas: se convertiría en un muchacho apuesto, esbelto, vivo, sonriente. Encarnaba la esperanza del futuro real, pero por aquel entonces su país estaba siendo desgarrado por una guerra civil sangrienta y mundializada entre los republicanos, apoyados por la URSS, y los rebeldes, ayudados por Alemania e Italia. Era principios de 1938, en pleno preludio de una Segunda Guerra Mundial que las democracias europeas todavía fingían ignorar.

España tuvo su césar, o más bien su «Cesarillo», llamado

Franco, un caudillo sin carisma alguno, pero cuya malicia le permitió reinar tranquilamente durante cuarenta años. En 1969, designó como sucesor a Juan Carlos, ese playboy dócil, ese militar aplicado que ha formado desde la infancia. Contra todo pronóstico, este príncipe insignificante se convertiría en un animal político, transformaría España, garantizaría al país una estabilidad democrática, la salvaría del golpe de 1981 y la reintroduciría en la escena internacional. A golpe de traiciones y complicidades, de lágrimas y regocijos. Porque, tras sus hazañas políticas y su aura simpática, se ocultaban dramas personales. Entregado a Franco siendo aún niño, zarandeado entre dos figuras paternas despiadadas, indirectamente responsable de la muerte accidental de su hermano menor, marioneta del dictador durante mucho tiempo, despreciado por la oposición de izquierda y subestimado por los franquistas, usurpador de su padre... Una carga que debió soportar con mucho disimulo.

Shakespeare no lo habría representado mejor. El destierro final es incluso apoteosis. Definitivamente, Juan Carlos no es un rey como los demás.

Obertura

Madrid, invierno de 2014

Tengo treinta y ocho años, y él, setenta y seis. Soy su biógrafa, y él un jefe de Estado en declive.

He dedicado años a estudiarlo y analizarlo; él lleva años reinando. Al principio, era el objeto de mis investigaciones, pero después se convirtió en «mi» construcción, «mi» rey. Estudié su estrategia diplomática para mi tesina de la licenciatura de Historia, que se publicó en España; imaginé sus sufrimientos e intenciones en una biografía. Desempolvé archivos, nadé entre los recuerdos de sus compañeros de viaje, entrevisté a políticos. Tengo la sensación de dominarlo todo, de saberlo todo sobre un hombre a quien nunca he conocido. Al escribir estas palabras, me doy cuenta de lo absurda que resulta mi posición. Por aquel entonces pretendía conservar la objetividad negándome a conversar con quien llenaba las páginas de mis libros. Tenía miedo de que me manipulara, de dejarme seducir por su encanto legendario, de perder mi libre arbitrio, de someterme al poder. Y, en mi familia, ya hace tres generaciones que coqueteamos con el poder al tiempo que nos burlamos de él, que no nos halagan ni los privilegios ni los honores, que aspiramos a tener un criterio propio. La irreverencia como sello distintivo, probablemente genética. Se nos da mejor criticar que cortejar. Por lo tanto, reivindicaba el rigor de mis análisis, lógicos, fundamentados y libres, aunque totalmente abstractos y teóricos.

El historiador se adueña de una realidad que no ha vivido

nunca, modeliza el pasado con la mirada de hoy, gracias a unos archivos cuyo descubrimiento roza el éxtasis y cuya interpretación le enardece. Y, por descontado, con un sesgo personal que no siempre resulta evidente. El mío no lo he ocultado nunca: Juan Carlos ha sido una de mis herramientas de emancipación. Yo era hija de revolucionarios y no iba a caer en la trampa de la admiración al régimen de Fidel Castro o a cualquier otro líder de extrema izquierda. Demasiado banal, demasiado fácil. Tras haber visto de cerca los estragos causados por la adhesión marxista, haber pasado un verano en un campo de pioneros comunistas en Cuba, haberme codeado con espías y futuros agentes dobles e innumerables exiliados latinos, no era capaz. La diatriba antimperialista que había oído en bucle desde mi infancia fue precisamente lo que me empujó a irme a Estados Unidos para trabajar en el mundo financiero. Cada cual se rebela como puede, sobre todo a los veinte años. De más joven ya había tratado de distanciarme de mis ilustres progenitores. Ellos apoyaban a François Mitterrand; yo, a Juan Carlos. Un presidente real contra un rey republicano. Uno deambulaba con abrigos azul marino por librerías de viejo a la orilla del Sena; el otro, en motocicleta, de noche, de incógnito. Una cuestión de estilo, generacional. ¿Qué hacía realmente un monarca por las sombrías calles de Madrid, solo, sobre una rugiente moto? Tenía un lado de misterio novelesco que me intrigaba. Había elegido mi bando.

Durante unas vacaciones en Madrid, con tan solo siete años, descubrí a este jefe de Estado con una sonrisa digna de un actor de Hollywood que acababa de salvar a su país de un golpe de Estado. De vuelta a casa, colgué en mi habitación una foto oficial del Rey por el aura majestuosa y tranquilizadora que desprendía. Yo no buscaba un príncipe azul. Desde muy temprana edad, mi madre me había advertido acerca de los cuentos de hadas, máquinas conservadoras ideadas para someter a las niñas a un destino de esposa dócil y de ama de casa frustrada. Estaba rodeada de personalidades sólidas, comprometidas, independientes, que a menudo se habían burlado en la cara de príncipes azules. No eran los privilegios de la Corona lo que me atraía, puesto que era una orgullosa heredera de la Revolución francesa, sino su función paternalista, estable, bienhechora. Algo que lamentablemente les faltó a los hijos de los padres del Mayo del 68, cuando la ideología primaba sobre la familia, y la política sobre la decencia. A mí debía de faltarme una figura paterna honorable y apaciguadora. Juan Carlos era el padre fundador de la España moderna. Seguro que también podía velar por mí.

En un vano intento por convertirme a la causa socialista, mi padre sustituyó el retrato real por el de François Mitterrand, con una sonrisa crispada y una rosa roja en la mano. Fue la causa de mi primera fuga. La primera de una larga serie. No tenía una vida familiar muy relajada. Más adelante, mi madre, para escapar de la mala comedia del poder en la que estábamos atrapados, tuvo la maravillosa idea de mudarse a Sevilla, a finales de los años ochenta. Fue el mejor regalo que pudo hacerme. No exagero en absoluto: en 1988, las infraestructuras y el desarrollo económico de Andalucía estaban más cerca del norte de África que del modelo europeo. Con el tiempo cayó en el olvido el salto espectacular que hizo el país en apenas una década, un empuje hacia delante que experimenté día tras día. En aquella época pude saborear esa España en pleno despegue.

Conocí a antifranquistas que le agradecían al Rey haber garantizado la democracia, constaté que la manera de vivir el poder era muy diferente a un lado y al otro de los Pirineos. Mitterrand gobernaba desde arriba; Juan Carlos reinaba junto con los demás. Le habíamos cortado la cabeza a Luis XVI, pero los usos y costumbres de nuestros dirigentes mantenían un regusto monárquico. En España, el Rey hacía gala de vivir sin corte ni pompa; rodeado de los protagonistas históricos de la transición democrática convertidos en ministros, que conocieron el exilio y las amenazas policiales bajo la dictadura de Franco, que lucharon por la democracia arriesgando su vida, y que ejercieron el poder con sencillez, alegría y eficacia. No permanecían encerrados en los palacios de la República, de reunión en reunión y de inauguración en inauguración. Salían a la calle, a menudo a pie, a pesar de las angustiosas amenazas del terrorismo vasco de ETA, sin evitar el contacto directo con sus electores. Había en el Rey y en su Gobierno socialista una espontaneidad jovial, una energía fascinante y comunicativa, y compartían el anhelo de construir una España dinámica.

Me sedujo este monarca de aspecto atlético que, pese al control de seguridad, no dudaba en incumplir el protocolo para unirse a la muchedumbre entusiasta, arriesgándose a perder los anillos o a que le rasgaran el traje. En aquella época, Juan Carlos era un héroe. No solo me conquistó el jefe de Estado, sino también su país, acogedor, vivo, cálido, donde yo saboreaba la libertad, el sol, los versos de Antonio Machado y las pinturas de Velázquez, las iglesias barrocas y el refinamiento de los palacios mudéjares, el olor cautivador del jazmín y las saetas de la Semana Santa. Me pareció que los españoles se asemejaban a franceses de buen humor y felices de vivir, y los andaluces a parisinos sin arrogancia ni agresividad. Había salido ganando con el cambio. Durante tres años, adopté Sevilla tanto como ella me adoptó a mí. Y el vínculo no se debilitó con el tiempo, al contrario. España se convirtió en un hogar ocasional, un refugio permanente, un centro de interés apasionante. Juan Carlos encarnaba su país; y su país era a su imagen. Ambos se convirtieron en mi coto privado, mi territorio reservado.

Utilicé al Rey para diferenciarme de mi entorno familiar, igual que antaño algunas familias se dividían entre los fans de los Rolling Stones y de los Beatles. Salvo que en mi casa, toda afirmación debía ser política para considerarse válida. Mientras yo dedicaba mi tesina de Historia de la Sorbona al papel del Rey en la democratización de España, mi padre publicaba *La República explicada a mi hija*. Juan Carlos fue mi mecanismo de emancipación. El problema es que le sigo siendo fiel, a pesar de sus extravíos, sus negocios, sus amantes, su vejez. ¿Es por ceguera, por mansedumbre? ¿Para no derribar al héroe, para no cuestionarme? Lo único que me interesaba era su obra política; lo demás era accesorio, anecdótico, circunstancial, aunque aquello le confería una especie de espesor, un aura enigmática. Los entresijos de la Corona revelaban que Juan Carlos tenía sus demonios, que antes que un rey era un hombre.

Consideraba que sus faltas de conducta eran daños colaterales del ejercicio del poder, sin darles importancia. ¿Debí preocuparme más por su integridad? Soy producto de mi entorno. Crecí en el mundo de las ideas y los conceptos de mis padres, de los debates y del compromiso político, un mundo de rigor y austeridad. A mi alrededor desfilaban hombres, tanto de izquierda como de derecha, que eran triunfadores y naturales de puertas para fuera, pero, en ocasiones, con unas costumbres reprobables. Se toleraba, se aceptaba. Su vida privada solo les concernía a ellos. No me planteaba denunciar sus debilidades ni sus abusos de poder. Como mucho los evitaba, eso era todo. Mi madre y mi abuela paterna, mis modelos, me educaron para que fuera cualquier cosa menos una víctima, y por lo tanto me sentía exenta. Ahora los tiempos han cambiado, pero yo, personalmente, no lo anticipé. Es verdad, «un hombre se contiene», por citar las famosas palabras de Camus. Juan Carlos, como muchos otros de su generación, no se contuvo lo suficiente. Y acabó por confundir inmunidad e impunidad.

Si lo hubiera sabido antes, ¿habría reconsiderado mi opinión sobre el Rey? Lo pongo en duda. Sobre todo porque ya circulaban rumores, difundidos en los bares más que en los periódicos españoles, pero solo provocaban risas entre una tapa y otra. Era la época de la Movida, del crecimiento y la despreocupación. Nada mermaba la euforia de la época: se debía construir a tiempo el AVE entre Madrid y Sevilla antes de la Exposición Universal de 1992, inaugurar el nuevo aeropuerto y varias autopistas, reformar los barrios decrépitos antes de la llegada de los turistas, hacer negocios... Por aquel entonces, el hecho de que el Rey tuviera aventuras amorosas, como todos sus ancestros desde Luis XIV, y de que comprara la correspondencia con una antigua amante por un precio desorbitado para impedir su publicación, parecía secundario. A los más machistas les encantaba la idea de tener un monarca mujeriego. Y no se sabía de ninguna mujer que se jactara de haberse resistido, al contrario. Otros sentían lástima por la reina Sofía, siempre admirable, pero no llegaban a cuestionar la monarquía. A falta de ser monárquica, la gente era juancarlista. El Rey protegía España: era un cortafuegos para sus tentaciones destructivas, para la guerra civil, para el terrorismo, para la disgregación nacional, para los golpes de Estado. Y, a su vez, el país lo protegía a él, obviando sus excentricidades amorosas o empresariales. Sin pedirlo formalmente, los medios de comunicación, el Gobierno, la justicia, sus amigos y su familia no revelaban nada. Reinaba la ley del silencio. Y los españoles lo admitían. Sabían lo que le debían: la democracia y la prosperidad. El prestigio de Juan Carlos influía sobre el reino, y viceversa. Todo iba bien en España, incluso demasiado bien. Y también le iba demasiado bien a este «rey camarada», que dejaba los conciertos de música clásica para Sofía, la «reina profesional», mientras él se dedicaba a charlar con deportistas, políticos, directores de empresa. Su sello distintivo: la elocuencia, las bromas, la familiaridad. Los españoles apreciaban ese carácter carismático, exuberante, pero algo impropio de la realeza al fin y al cabo... La pompa y el protocolo le aburrían, encorsetaban su espontaneidad y su vitalidad.

Al discurrir los años, sus problemas de salud ensombrecieron su carácter enérgico; sus caprichos y debilidades se volvieron flagrantes. No se conformó con el papel de señor mayor corriente y sosegado con ocho nietos encantadores. De lejos, lo he visto adoptar un paso más vacilante, ganar peso, aburrirse, perder los estribos frente al líder venezolano Hugo Chávez con su famoso «¿Por qué no te callas?» en plena cumbre iberoamericana, cuando este último entró en una larga y delirante diatriba. Se atrevía a decir en voz alta lo que otros pensábamos en voz baja. Pero era evidente que la vejez le contrariaba.

«¿Por qué queréis meterme en una caja de pino a toda costa?», replicó sobrepasado a unos periodistas demasiado insistentes y curiosos sobre su estado de salud. Estos escándalos me divertían. Le conferían un sabor muy teatral a sus apariciones, que contrastaban con el discurso acartonado general. Era evidente que le costaba contenerse. El Rey tenía su temperamento. No ocultaba su personalidad tras una comunicación controlada y artificial. Debimos comprender que nada ni nadie lo detenía, que se permitía demasiados descarríos, pero su don de gentes, su humor, su aura compensaban tales extravíos. Después de todo, nos hacía reír. Y nos convertía a todos en sus cómplices.

Cuando hizo un viaje oficial a Francia en 1993, lo recibió Philippe Seguin en el Hôtel de Lassay, residencia del presidente de la Asamblea Nacional, quien después lo acompañó al Hemiciclo, donde lo esperaban. Philippe Seguin le mostró el pasillo subterráneo construido por Lucien Bonaparte, hermano de Napoleón, cuando se reunía en secreto con su amante, Alexandrine de Bleschamp, instalada en el Palacio Borbón. «Pero ¡si esto es un picadero!», le soltó a Seguin con un tono falsamente ultrajado cuando este le explicó el origen histórico de aquel lugar. Y, cuando se disponía a entrar en el Parlamento y un redoble de tambores anunciaba su llegada, él, el descendiente de Luis XVI, le preguntó: «¿Y ahora qué me espera? ¿La guillotina?».

Esta escena me la narró el intelectual Jorge Semprún y me hizo reír a carcajadas durante mucho tiempo. Se me acusará de indulgencia. También sentía nostalgia de las comidas siempre tan animadas con mis abuelos paternos, en las que abundaban las ocurrencias a lo Sacha Guitry, ese «espíritu francés» que ya no encuentro por ninguna parte. Al terminar el discurso que pronunció frente a la Asamblea Nacional, Juan Carlos se acercó al escritor franco-español, con su bella cabellera blanca y sus ojos risueños, y le preguntó: «Bueno, maestro, ¿no te he destrozado demasiado el texto?». Semprún, el resistente y militante comunista, el magnífico autor y guionista de grandes clásicos, que había presenciado todos los grandes combates políticos de la posguerra, era un admirador de Juan Carlos, al que frecuentó como ministro de Cultura. Esta era la España de aquella época, la España que yo conocí: incluso los comunistas, republicanos de toda la vida, amaban al Rey hasta el extremo de convertirse en monárquicos coyunturales, es decir, juancarlistas. Lo digo con todas las letras: amaban a Juan Carlos.

Un rey apela al corazón, mientras que un presidente o un jefe de Gobierno apela a la cabeza. En Francia, apoyamos a un candidato, apreciamos el discurso de un dirigente y, en el mejor de los casos, asistimos a un mitin. El vínculo es intelectual y moral. ¿Guarda esto relación con el método de elección? En España, la relación con el Rey era íntegra, amistosa, directa, a veces incluso pasional. Los españoles lo tuteaban, hablaban de él como de un primo. Y gente de izquierdas se enamoró de él, sintieron un auténtico flechazo por aquel militar educado por Franco, por aquel vástago de una familia real desdeñada, por aquel playboy simpático pero sin bagaje intelectual. Incluso los más reacios no se pudieron resistir. Era como el icono de una religión pagana. En otros tiempos, la monarquía era el régimen de una clase social determinada, vinculada a una cierta política y unos privilegios. Juan Carlos la convirtió en el régimen de todos. Bajo sus auspicios, los enemigos de la Guerra Civil por fin pudieron reconciliarse. Las carcajadas celebraron esta nueva convivencia, prueba de un futuro prometedor, y esta confianza a prueba de todo. Incluso a prueba de balas.

El 23 de febrero de 1981, a las seis y veintitrés minutos de la tarde, el teniente coronel Tejero, ataviado con su tricornio de la Guardia Civil y disparando al aire, tomó las Cortes y el Gobierno con ciento ochenta hombres armados. El más prestigioso de los generales implicados, Milans del Bosch, sacó los tanques por las calles de Valencia. Los españoles, resignados y atemorizados, se encerraron en sus casas. Mayoritariamente, el país se opuso a las armas con su silencio. El Rey, jefe de los Ejércitos, era el único árbitro. Nadie sabía si apoyaría o no la tentativa de golpe de Estado. Tenía el destino de España en sus manos.

Jorge Semprún, invitado al telediario francés, declaró que estaba convencido de que el Rey se posicionaría al lado de la

Constitución. No eran muchos los que se mostraban tan seguros. A la una y cuarto de la madrugada, Juan Carlos apareció en las pantallas para condenar el golpe. Después de una noche de negociaciones, logró la rendición de los rebeldes y la liberación de los diputados y los ministros, que llevaban dieciocho horas detenidos. «Obedezco las órdenes de su Majestad, pero es una lástima», declaró un militar de alto rango, decepcionado con la inestabilidad gubernamental, la regionalización, el terrorismo. Semprún siempre confió en el Rey. A partir de entonces, toda España también confiará en él. Hasta que la cacería de un elefante, en abril de 2012, pondrá fin a esta situación. Al final, la reputación pende de un hilo.

Una severa recesión económica, que comenzó en 2008, dará fin a los años de fiestas, tolerancia y ocurrencias. Resultó un choque: los españoles creían que el crecimiento sería eterno. Sin duda ese fue el equívoco primigenio entre el país y Juan Carlos, el principio del descenso a los infiernos de España y del Rey, puesto que, al fin y al cabo, sus destinos estaban unidos. La prensa se emancipó: los casos de corrupción, que afectaban a todos los partidos en todas las regiones, estallaron uno tras otro. ¿Fue el carácter sistemático de los chanchullos lo que impactó? ¿O se indignaron los que no recibían su parte? Cuando viví en Sevilla, me sorprendió la relación que los andaluces mantenían con el dinero. Lo primero era disfrutar de la vida, antes que pensar en ahorrar, y se debía negociar todo, no por una cuestión económica, sino para crear un vínculo. Si olvidaba la cartera, en la cafetería dejaban que me fuera sin pagar, siempre y cuando abonara algo más al día siguiente. Las cuentas pocas veces eran exactas, sino algo aproximado, como los horarios, y, en el fondo, era insignificante si se comparaba con el fútbol, la Semana Santa, la Feria o Miguel de Cervantes. El dinero circulaba y al final todo terminaba por arreglarse. Con el paro masivo y la crisis económica, esta mentalidad desenvuelta dejó paso al rencor y al ajuste de cuentas. La moral dio un vuelco. Y la familia real no fue una excepción: el «cuñadísimo» Iñaki Urdangarin acabaría en prisión por malversación de fondos públicos. Su esposa, la infanta Cristina, debería comparecer ante el juez por fraude fiscal. La dignidad real sufrió un golpe. Máxime porque se presumía que el Rey era conocedor, ocultó e incluso colaboró en estas malversaciones, al tiempo que apelaba a «una justicia igual para todos». La desconfianza y la desilusión se apoderaron de los españoles, hastiados de la incoherencia entre el discurso oficial y los hechos. Pero el golpe final, la estocada, fue la famosa cacería del elefante.

Juan Carlos declaró: «El paro de los jóvenes no me deja dormir», y un mes más tarde España lo ve en la cama de un hospital madrileño, repatriado de urgencia desde Botsuana para ser operado de la cadera tras una caída accidental. Los españoles descubren abruptamente la cara oculta del Rey: su amante germano-escandinava veintiséis años más joven que él, Corinna Larsen, sus actividades trasnochadas dignas de otro siglo y políticamente incorrectas, su tren de vida de coste prohibitivo, aunque fuera invitado por un amigo de origen saudí. Una estampa que no encajaba en absoluto con la imagen que había dado hasta el momento: un monarca con vida sencilla, con la que los españoles se podían sentir identificados, un rey burgués, deportista, de buena vida. El país se sintió engañado. Exhausto después de la crisis, no se lo perdonó. Las palabras que balbuceó al salir del hospital —«Lo siento mucho. Me he equivocado. No volverá a ocurrir»— no repararían el vínculo sagrado. Además, ¿acaso podía un rey pedir perdón como lo hace un niño delante de sus padres? Como señaló la reina Isabel II de Inglaterra: «No hay que hacer o decir; hay que ser».

Me impresionó ver su deterioro en directo, con setenta y cuatro años. El rostro hinchado por los medicamentos, su expresión avergonzada y el uso continuo de muletas para andar: era la encarnación del declive. El desamor de los españoles, radical e irreversible, resultó estar a la altura del pródigo apego de antaño. ¿Qué le quedaba? Sin dignidad, sin la estima de su pueblo, no le quedaba mucho, aparte de la leyenda. Una leyenda que él nunca forjó.

Tropezó en plena noche y su reino se desmoronó. Sin ese paso en falso, la historia habría sido muy distinta. ¿No existió un consejero que le impidiera ir de safari cuando en España la tasa de paro rozaba el 25 por ciento? ¿Perdió su olfato político legendario, su conexión con el país? ¿Permitió que su vida privada pasara por encima de sus responsabilidades públicas? Mi necesidad de comprender primó sobre la decepción. Este giro no hizo más que alimentar mi hipótesis de un destino fuera de lo común, un gusto por el riesgo inconmensurable, unas zonas sombrías difíciles de conciliar. Terminar como un abuelo juicioso que juega a cartas con su esposa real en uno de los salones de palacio no encajaba con la imagen de un fin de reinado que yo imaginaba novelesco. Pero, sin duda, no hasta tal punto. Definitivamente, era una caja de sorpresas. Y esta no sería la última.

Vivió una larga travesía por el desierto llena de operaciones quirúrgicas consecutivas, más o menos exitosas, de sesiones de rehabilitación interminables, de soledad, de dolores. Siempre vi a mis padres mantenerse fieles a sus amigos en momentos de crisis. Cuando uno de ellos se encontraba en el hospital o era el centro de una polémica, debían frecuentarlo más a menudo. Y, sobre todo, no unirse jamás a los linchamientos colectivos. Actué igual con el Rey, como habría hecho con un viejo amigo. Cuando surgen problemas, los cortesanos se esfuman. La impopularidad aísla. ¿No le complacería que alguien se acercara a visitarlo, y que su interés por él fuera más allá de sus correrías, más allá de sus escapadas? Yo también estaba por fin preparada para salir de la teoría. Después de una biografía, llegando al final de mis hipótesis, tenía «mi» verdad. ¿Y si al final la verdad pervive más en el fondo de sus ojos que en los archivos?

I
El Palacio de la Zarzuela

Finales de 2013

1

El aire es puro y fresco a una quincena de kilómetros de Madrid.
Vivir alejado de la contaminación es quizá el primero de los
privilegios. En todo caso, es el de Juan Carlos. Es lo que me digo
cuando llego al puesto de control. Una garita ocupada por sol-
dados en medio de la nada. El único indicio de oficialidad es
una inmensa bandera española. Aguardo un coche acreditado
para entrar en la propiedad. Y durante esos largos minutos de
espera y frío, lejos de todo, entre pinares y olivares que se pier-
den en el horizonte, comienzo a vacilar. Me atormenta una
vocecita interior: ¿para qué me he metido en este berenjenal?
¿No estoy traicionando mis valores familiares, mi trabajo? ¿Qué
habría pensado mi madrina, Simone Signoret, si me viera aquí
plantada esperando una audiencia con este rey, sucesor designado por un dictador?

Ella fue la instigadora, en septiembre de 1975, de una campaña de protestas contra el régimen de Franco que acababa de
condenar a muerte a dos militantes de ETA y tres miembros del
FRAP, considerados por entonces dignos opositores del franquismo. Quince gobiernos europeos retiraron a sus embajadores,
hubo manifestaciones frente a las embajadas españolas de todo
el mundo, el papa pidió clemencia. Y, a requerimiento de Simone, su marido, Yves Montand, su cómplice, Costa-Gavras,
y Claude Mauriac, Michel Foucault, Jean Lacouture y Régis
Debray, mi padre y su protegido, desembarcaron en Madrid

41

y convocaron una rueda de prensa para rebelarse contra el Caudillo y dar lectura a una petición firmada por toda la intelectua-
lidad del Barrio Latino de París. Aquel bastión dictatorial, a las
puertas de Francia y apoyado por Estados Unidos, se había
convertido en algo insoportable a ojos de los intelectuales comprometidos, esta vez decididos a ocuparse de sus países vecinos
en lugar de regiones lejanas. En 1936, la cobardía del Gobierno
francés del Frente Popular abandonó a su suerte a la República
española. Más tarde, los refugiados que huían de la guerra fueron encerrados en campos de concentración. ¿Estaban ahora
redimiendo su conciencia? Resultado de tal galimatías: los periodistas españoles que vinieron a escuchar a los biempensantes
franceses fueron arrestados y, sin miramientos, embarcaron en un
avión de vuelta al grupo de agitadores franceses. Evidentemente, eso no impidió que Franco cometiera el que sería su último
crimen político: los cinco presos políticos fueron ejecutados.
Y España se aisló todavía más del mundo.

El viejo déspota se amuralló en el silencio. «Lo que piensa el
general Franco no lo sabe ni el Caudillo», se decía por entonces.
Junto al dictador cada vez más decrépito por la edad y las enfermedades, de voz cada vez más débil, casi inaudible, permanecía
Juan Carlos, joven, alto, imperturbable y silencioso. En las imágenes de los archivos, aparece impasible detrás de su protector y
tutor, mientras una muchedumbre los aclama con el saludo fascista. Una mascarada digna de los años treinta. Era el 1 de octubre
de 1975, trigésimo noveno aniversario del régimen. La expresión apagada y sumisa de Juan Carlos permanece en mi memoria. ¿En qué pensaba en ese momento? Sin duda debe de asaltar-
le alguna inquietud o emoción ante ese enjambre de fanáticos
con el brazo alzado. ¿Angustia? ¿Resignación? ¿Indiferencia? La
pregunta me atormenta y anhelo hacérsela. Malraux, Bernanos,
el «holocausto español»... Durante mis estudios e investigaciones,
la Guerra Civil, este preludio de la Segunda Guerra Mundial,
nunca dejó de inquietarme. La propaganda franquista mantuvo
vivo su recuerdo durante cuarenta años. ¿Cómo fue posible que

Juan Carlos, por entonces un joven discreto y de expresión taciturna, consiguiera sacar a su país de aquella espiral mortífera? Dos meses después de esa concentración, Franco murió y lo dejó al mando.

Sumida en estas reflexiones, de pronto me doy cuenta de que estoy en territorio «enemigo». Recuerdo una obviedad: el Palacio del Pardo, donde residía Franco, está en las inmediaciones, y el de Juan Carlos, la Zarzuela, fue elegido y restaurado por la mujer del Caudillo, Carmen Polo, para el joven príncipe. Me podría haber dado cuenta antes, evidentemente, incluso tendría que haberlo hecho. Pero es solo cuando me encuentro ante el desafío que tomo consciencia y todo cobra forma. Ya no se trata de abstracciones procedentes de los libros, sino de lugares vivos. Es imposible dar marcha atrás, el coche oficial me espera. ¿Estoy a un paso de comprometerme?

2

Por todas partes surgen gamos saltando entre los árboles. Es *Bambi* en la Zarzuela. Nunca he visto tantos, ni de tan cerca. La bruma matinal le da un toque fantasmagórico al espectáculo. El vehículo asciende lentamente por una carretera tortuosa que se abre paso entre robles centenarios. El lento trayecto me da tiempo de transportarme a otro mundo: allí donde reina el silencio del viento, donde se impone una atmósfera apacible. La histeria ambiental en la que estoy inmersa, la del tráfico, la agitación política y la locura de los medios, no llega aquí. Como si la distancia física alzara una barrera que separase del cortoplacismo, la agitación, el desorden.

A la derecha distingo la residencia de Felipe, entonces príncipe de Asturias, una construcción moderna con techumbre rojiza oculta tras unos cipreses. Después de unas curvas más y el saludo de un guarda con perfil de estatua griega, llego a lo alto, donde me espera una extensa fachada de un blanco límpido. Nada ostentoso, excepto la vista, impresionante. Colores azules y verdes, a lo lejos, tamizados por la niebla. De inmediato me acoge un ballet armonioso: el portero, el mayordomo y el secretario, que, solícitos y en silencio, se ocupan de todo. Me desconciertan la luz blanca de los fluorescentes y de las lámparas de pie halógenas propias de los años ochenta, los empapelados color beige, el mobiliario típico de los vetustos hoteles Hilton, las cortinas tristes y unos pocos cuadros colgados. En un entorno similar no existe el riesgo de convertirse en un megalómano. El ala de oficinas se construyó al inicio del reinado de Juan Carlos para acoger a los empleados de la Casa Real. Desde entonces, debieron de pensar en renovar la decoración de las grandes salas de reuniones, frías y desangeladas. Imagino que han reservado el fasto para los salones de recepciones y los despachos de la familia real, en la parte central del palacio. No tardaré en descubrir que el interiorismo no es precisamente la especialidad de los Borbones españoles.

Demasiado acostumbrada a los palacios de la República Francesa, suponía que en toda la vieja Europa los órganos del Estado disponían de residencias similares. Cuando era pequeña, iba al Elíseo, al «despacho de papá», a pasar algunos fines de semana cuando estaba de guardia, o a verlo después de sus largos viajes. Las fiestas de Navidad que se organizaban para los hijos del personal eran el *summum* de las celebraciones anuales. Y las recepciones o las reuniones en los ministerios me habituaron al dorado de los palacetes del siglo XVIII, al mobiliario antiguo, a las imponentes lámparas de araña, a las pesadas cortinas carmesíes, a los tapices de los Gobelinos. Un entorno suntuoso sin ser intimidatorio, un escaparate de la historia de Francia, de su saber hacer, de su patrimonio. En definitiva, todo lo que necesita un país para mantener su rango, incluso el de una nación relegada a segunda división. Por lo tanto, en la Zarzuela, en la casa de un rey, me sentí decepcionada. Esperaba ver lienzos de los grandes maestros y sillas tapizadas con seda, pero ni siquiera había un jarrón con flores que hiciera el efecto. La Casa Real no tiene presupuesto para flores y no debe de haber solicitado los servicios de ningún decorador. Unas preocupaciones sin duda secundarias cuando se trata de construir una democracia.

Le confié a Juan Carlos mi decepción. «¡Es cierto que el presidente de la República Francesa vive en un palacio más hermoso que el mío!», me respondió con una carcajada.

Tal vez a los españoles les llamen la atención estas observaciones. Muchos están convencidos de que la familia real vive

con un lujo injustificado. Únicamente por la gracia de su nacimiento, y no de sus méritos, tienen derecho a chóferes, edecanes, cocineros, disfrutan de residencias históricas y duermen
en dormitorios más cómodos que los de la mayoría de sus conciudadanos. Como contrapartida, tienen algunos deberes que
cumplir, más o menos fatigantes o laboriosos, que conlleva su
papel institucional —inaugurar bagatelas, presidir fundacio-
nes—, lo que deja tiempo al Gobierno para gobernar. Ante todo,
su misión es ser amados y respetados.

La relación entre el monarca y su país reside en un apego
misterioso cuya fórmula mágica no es enteramente racional,
pero donde la ejemplaridad pasa a ser un elemento fundamental. Sin embargo, en el seno de esta familia de privilegiados,
algunos no lograron ser irreprochables. La sangre azul no es
garantía de dignidad. Todas las casas reales a lo largo de los años
tuvieron sus príncipes deshonrosos, excéntricos o ilustrados. Su
poder actual, limitado constitucionalmente, se restringe a la encarnación y representación a través de una grandeza ritualiza-
da, codificada. ¿Qué les queda cuando ya no hay preeminencia
ni salones fastuosos?

Una enésima anécdota me viene a la mente. El hilo conductor de la Historia está hecho de pequeñas historias, malen-
tendidos, actos fallidos, coincidencias. Cuando el presidente
Valéry Giscard d'Estaing fue de visita oficial a Madrid en 1978,
el Rey le ofreció una cena. Juan Carlos estaba tan emocionado
de recibir por primera vez a un jefe de Estado europeo, padrino de
sus esfuerzos de democratización, que tiró la casa por la ventana.
Pero, tal como él mismo reconoció, el resultado fue «catastrófi-
co»: la sopa estaba caliente en lugar de fría, el pescado estaba frío
en lugar de caliente, el servicio fue lento. La intendencia de la
Casa Real no estaba preparada para las recepciones y no estuvo
a la altura de las circunstancias. Juan Carlos se ríe de ello y, en el
fondo, se mofa.

Al final de su estancia en España, Giscard correspondió
con una recepción suntuosa y refinada. Había traído de París

manjares exquisitos y unos vinos excepcionales. Santiago Carrillo, invitado a las dos ceremonias en calidad de secretario general del Partido Comunista y antiguo residente francés en su largo exilio durante el franquismo, se sintió humillado. Él, hijo de un obrero sindicalista, tipógrafo, reclutado como capitán en las filas republicanas durante la Guerra Civil a los veintiún años, un hombre sobrio y serio, entregado por completo al partido. ¿Cómo no detectar una reminiscencia de la velada de Fouquet en el castillo de Vaux-le-Vicomte que tanto mortificó a Luis XIV? Carrillo llama al jefe de la Casa Real. «Es una vergüenza, se come mejor en la mesa de un presidente francés que en la del Rey de España. Esto no se puede repetir. ¡El prestigio de nuestra monarquía está en juego!». Quizá por aquel entonces el Partido Comunista se podría llamar el «Real Partido Comunista de España»...

Era una época en la que la izquierda radical defendía el Estado y sus instituciones. Actualmente, más bien trata de deconstruirlas. ¿O acaso el Estado se desmorona tan fácilmente porque ya está debilitado? La monarquía española es la piedra angular de la democracia. Y, como comprendía el líder histórico del Partido Comunista, también debe suscitar una fascinación y una magia que la justifiquen. Está en juego el honor de España. La Corona encarna el país, como la fachada de un edificio o el escaparate de una tienda. Es una imagen de marca que debe inspirar ensueños e infundir consideración.

Solo tres años antes de esa cena oficial, Carrillo estaba hacinado en un calabozo. ¡Había entrado ilegalmente en España con una peluca y un pasaporte francés falso con el nombre de Giscard! Pronto se convertiría en «don Santiago», el mejor aliado político de Juan Carlos y un amigo, a quien se recibía con respeto y gratitud en el palacio, mientras que algunos franquistas acérrimos todavía lo tachaban abiertamente de asesino. Tenía el raro privilegio de que el Rey lo tratara de usted, una señal de respeto a la que se aferraba. «Sabía que los Borbones tenían la costumbre de tutear a todo el mundo, y me parecía una reminiscencia de una época en la que no había ciudadanos, sino vasallos», se justificaba. Y eso que Carrillo lo apodó «Juan Carlos el Breve» cuando lo entronizaron en 1975, mostrándose públicamente escéptico acerca de su cociente intelectual. No obstante, en tres años, a golpe de compromisos, reuniones secretas, improvisaciones y proezas, se creó una alianza milagrosa: el comunista y el monarca dieron la espalda al pasado para no traicionar al presente.

Treinta y cinco años más tarde, cuando anunciaron la muerte de Carrillo el 18 de septiembre de 2012, Juan Carlos y su esposa Sofía fueron los primeros en llegar al domicilio del dirigente para presentar sus condolencias a la viuda y sus tres hijos. Como si se tratara de un hermano, de un buen amigo. Un afecto real que demostraba una complicidad sincera e indefectible. «Fue una persona fundamental para la Transición y la democracia y muy querido», declaró el Rey a la prensa. Un monarca y un comunista: relación improbable, magnífica. Dos opuestos que se atraían como imanes.

Lo comprendí al asistir a una ceremonia oficial en enero de 2014. El Palacio de la Zarzuela es la sede de la jefatura del Estado y su residencia privada. Hoy en día Juan Carlos todavía habla de ella como de «[su] casa». Se puede ver una zona de juegos, en la que debieron de divertirse los pequeños infantes, no muy lejos de la entrada principal. Y las estancias privadas quedan separadas de las oficinas por una simple puerta. El fasto y las ceremonias están reservados para el palacio real histórico del centro de Madrid, el Palacio de Oriente, una imponente construcción neoclásica encargada por Felipe V, el primer Borbón de España. Nieto de Luis XIV, creció en Versalles y pretendía afianzar su autoridad a través de la ostentación. «¡Tendrás un palacio mucho más hermoso que el mío [las Tullerías]!», le había dicho Napoleón a su hermano mayor, José Bonaparte, cuando lo colocó en el trono de España. Nada falta: el patio de honor, la escalera de mármol enmarcada por los alabarderos, el salón del trono rococó presidido por un fresco de Tiepolo. Una suntuosidad monárquica en la que Juan Carlos irrumpe como un actor que entra en escena.

Se enfunda su atuendo de soberano y aparece, sin que lo anuncien, seguido de cerca por la reina Sofía, radiante. Ella nació en un palacio y se percibe; tiene desenvoltura y naturalidad para llevar un vestido de gala a mediodía, para soportar el resplandor de los flashes sin pestañear, para sonreír a desconocidos como si se tratara de sus mejores amigos, e incluso para estrechar impasiblemente la mano de quienes la desprecian. Está como en casa en medio de las paredes tapizadas de terciopelo carmesí que se reflejan en los inmensos espejos barrocos. La pareja principesca, Felipe y Letizia, procura permanecer siempre a unos metros de distancia. La coreografía está bien ensayada, y el protocolo milimetrado. Letizia es tan delgada que una se pregunta cómo es posible que, encaramada a esos altísimos tacones, no se rompa en mil pedazos. Controla sus emociones, procura no cometer ningún error, y Felipe sonríe por los dos, distendido. La profesión de princesa no se aprende tan fácilmente. Cuando te has criado en el seno de una familia de sindicalistas republicanos, cuando has trabajado duro para convertirte en presentadora de televisión, ¿cómo creer en este nuevo papel de figuración monárquica?

Juan Carlos, a pesar del bastón, cumple apresurado con su deber: saluda a las autoridades, dispuestas en hileras, como en la escuela. Lee el discurso, escrito en letras grandes y bajo una buena iluminación. No quiere llevar gafas. Seguramente por coquetería. ¡Alguien tendría que decirle que no hay nada de deshonroso en tener el aspecto de un intelectual! Se percibe la lasitud y la presteza. ¿Cuántos discursos habrá dado en su vida? ¿Cuántas manos habrá estrechado? Ni él mismo lo sabrá. Treinta y ocho años de actos oficiales, de representación, de inauguraciones semejantes las unas a las otras, y que deben de parecer una eternidad. Intercambia unas palabras con cada invitado y luego se escabulle, seguido de su familia. El jefe, como lo llaman en la Casa Real, marca la salida. Los otros, obedientes, abandonan las estancias después de él. El orden, el rigor, la autoridad predominan en esta partitura bien interpretada. La Corona es una institución jerárquica, al igual que el Ejército o la Iglesia.

Como testimonio de este espectáculo, comprendo mejor por qué Juan Carlos prefiere apartarse de esta coreografía. El último rey que vivió en el palacio fue su abuelo, Alfonso XIII, el mismo que huyó en 1931 después de que las elecciones municipales confirmaran la victoria de los republicanos en las grandes ciudades, al contrario que en el resto del país, en las zonas rurales, que se mantuvieron fieles a la monarquía. Fue el preludio de la proclamación de la Segunda República. Las estancias permanecieron intactas después de su partida. Franco jamás se atrevió a tocarlas. Respetaba demasiado la institución para instalarse en el palacio. Pero esta cautela, sin embargo, no le impidió apropiarse de prerrogativas reales, como la atribución de títulos nobiliarios. Al fin y al cabo, España seguía siendo un reino, una monarquía sin soberano donde él era el único guía, garante fiel de la tradición católica y monárquica. Tras ganar la Guerra Civil, Franco aprovechó el usufructo de la Corona en su propio beneficio. Pero la decencia le impidió dormir en el lecho de Alfonso XIII, quien declaró con amargura y lucidez desde su exilio en Roma: «Escogí a Franco cuando no era nadie. Y siempre que ha podido me ha traicionado y engañado». El Caudillo fijará su domicilio en otro palacio real, un antiguo pabellón de caza, más tranquilo, el Pardo. Cada régimen instaura su escenario del poder.

El día en que nombró oficialmente a Juan Carlos su sucesor, en 1969, después de tenerlo a prueba durante siete años, ordenó colgar en el despacho del futuro soberano un retrato de Alfonso XIII, con el uniforme azul de la caballería y el casco acabado en punta. Todavía estaba colgado cuando me entrevisté con él en 2014. Curiosa elección la de ese retrato en militar. ¿Quería recordarle Franco que debía ser tanto monarca como jefe de los Ejércitos? Desde entonces, ese abuelo, que renunció a la Corona pero no a los derechos dinásticos, velaría por su nieto.

Me pregunto si Juan Carlos pensó en él los días en que decidió abdicar, o expatriarse, como él. Evidentemente, las circunstancias históricas eran muy diferentes, pero no cabía duda de que reanudaba el destino trágico de su ancestro. Como perseguido por cierta fatalidad familiar. ¿Descolgará su hijo Felipe el retrato del despacho para evitar los malos augurios?

Cuando en 1975 lo entronizaron, muchos presionaron a Juan Carlos para que restableciera la residencia tradicional de la Corona, el Versalles español. Inmenso y decrépito como estaba, habría supuesto unos gastos considerables para un país en plena crisis económica y reorganización política. Y Juan Carlos, fino gastrónomo, me explicó que en el Palacio de Oriente había tanta distancia entre la cocina y el comedor que la comida siempre llegaba fría. Los reyes tienen verdaderos problemas de intendencia...

Juan Carlos se acostumbró a conciliar la vida familiar con la vida profesional en la Zarzuela. Al principio de su reinado, los visitantes contaban que se podía encontrar al joven Felipe tumbado en el enlosado en busca de sus canicas, y a sus hermanas sobre los hombros del Rey, que servía él mismo las bebidas a los invitados cuando asistían a una reunión de trabajo. Un protocolo muy diferente al del Palacio Real. ¿Lo hacía para olvidarse del peso de su cargo, para evitar lo más posible actuar a la manera de los Luis XIV, para sustraerse de las obligaciones de su función? Tras cuarenta años de franquismo, a España le habría costado tolerarlo. El Rey modeló una monarquía a su manera, sin corte, sin fasto, exenta de sus fastidiosas tradiciones y de su historia. Una monarquía nueva para unos tiempos nuevos, más prosaica que real. Fue una instauración más que una restauración de la Corona. Una realeza ingrávida, cuyo único sustrato sería la democracia. Así pensaba anclarla a las raíces del país.

3

La primera vez que visito la Zarzuela voy a entrevistarme con el jefe de la Casa Real, Rafael Spottorno, el preámbulo para cualquier petición de audiencia real. Este diplomático de altos vuelos, que ocupa el rango de ministro en el organigrama oficial, tiene el aire de un hidalgo salido del Siglo de Oro. Me lo habían descrito como alguien inteligente e implacable, dos cualidades indispensables para proteger a un rey. Constato que, además, es serio y meticuloso: antes de recibirme, se ha tomado el tiempo de leer mi libro y de comentármelo en una hermosa carta. Le asiste el director de comunicación, Javier Ayuso, vivaz y jovial. Serán mis principales interlocutores y cómplices en lo que se convertirá en una aventura. Mi petición es un tanto particular: deseo entrevistar a Juan Carlos para un documental destinado a la televisión pública francesa.* La última entrevista del Rey, que concedió a una cadena española, se remontaba al año 2000, para conmemorar sus veinticinco años de reinado. Aparte de los mensajes de Navidad dirigidos a la nación, el monarca sufre en silencio y vive aislado. El país le ha dado la espalda, y no está preparado para soportar tanta hostilidad, para salir tan brutalmente de la casta de los intocables. Si responde a preguntas acerca de su infancia, de su papel crucial en la Transición demo-

---

* *Moi, Juan Carlos, roi d'Espagne* (90 min.), dirigido por Miguel Courtois Paternina, producido por Cinétévé, y retransmitido por France 3 y RTVE, 2016.

crática, podría resultar inapropiado en un momento en que trata de preparar su sucesión para salvar el prestigio de la Corona. Pero, precisamente, ¿no es el momento de hacer un balance de su reinado, de conferirle una dimensión histórica? Rafael Spottorno y Javier Ayuso me hacen preguntas y escuchan más que hablan. Miguel Courtois, el director franco-español que me acompaña, se muestra persuasivo. Decidirá el jefe. Es el único al mando.

Unas semanas más tarde me informan de que Juan Carlos ha detectado un error de fechas en el dosier de presentación del documental. Ya estaba prevenida; es minucioso y lee con atención. ¿Qué impresión le causa descubrir todos los libros y documentales que hacen sobre él? Saber que escrutan sus gestos, que interpretan la menor de sus palabras, como si su vida no le perteneciera totalmente. Me pregunto si se siente glorificado o, al contrario, traicionado. Quizá le importuna ver que valoran su pasado cuando aún tiene la ambición de construir un futuro. Mi enfoque podría parecerle torpe, como si fuera una incitación a la jubilación anticipada. ¿Acaso no está en condiciones de servir a su patria?

No imaginaba que el rey fuera un estudioso. Otro estereotipo cuyo origen ignoro, puesto que con frecuencia se representa a los reyes en su despacho. Me he creado una imagen de un rey amante del buen vivir, que esquiva la mesa de trabajo y los dosieres, envuelto en la satisfacción de haber salvado a su país de una segunda guerra civil y, después, de un golpe de Estado, harto de los honores, y lo bastante maquiavélico para superar el reto de restaurar una monarquía en pleno siglo xx. Este es el jefe de Estado con el que estoy convencida de que me reuniré pronto. Su vulnerabilidad, debido a los problemas de salud y la impopularidad, me permitirá quizá entrever al hombre que se oculta bajo el caparazón del monarca.

4

Este encuentro será el preludio de otros ritos de paso cada vez menos formales antes de que finalmente se fije una fecha para la entrevista. Tras un almuerzo servido en un salón de la Zarzuela, que me permite comprender por qué el Rey adora ir a restaurantes o escabullirse a la hora de comer a casa de su hermana mayor, la infanta Pilar, ya solo nos queda determinar el espacio ideal para el rodaje. Recorro las estancias en ausencia de su propietario, como un ladrón en pleno registro. Los pequeños salones con tonos desvaídos del primer piso, donde los regalos oficiales lindan con las fotos de familia, la gran sala de audiencias que ha visto desfilar infinidad de visitantes y ceremonias, y que debe guardar un buen número de secretos, antecámaras. De palacio, la Zarzuela solo tiene el nombre. No tiene la elegancia de los palacios, ni el encanto de los palacetes, ni siquiera el confort de las mansiones modernas. Las paredes están recubiertas con una madera apagada, y la luz de los jardines apenas logra darles vida. Aquí reina un ambiente triste y anticuado.

Me siento confusa al entrar en el despacho del Rey sin él. Lo escudriño como una mirona. El sol baña la sala rectangular a través de un largo ventanal con vistas a la sierra. Enfrente, una biblioteca colmada de libros antiguos encuadernados, y de una colección de maquetas de carabelas de plata, réplicas de las que comandó Cristóbal Colón para descubrir América. Me fijo en ellas de inmediato porque mi hijo de siete años también tiene la misma afición. Las suyas, evidentemente, no son de plata maciza, pero me pregunto si este tipo de pasión tan masculina se atenúa con el tiempo. Tengo la respuesta delante de mis narices.

Fotos de familia banales cubren los estantes. Cerca de su mesa de trabajo, un retrato de Adolfo Suárez y otro de Torcuato Fernández Miranda, los dos hombres de confianza con quienes más trabajó para cambiar la faz de España. Me conmueve esta señal de fidelidad y reconocimiento. ¿Los reyes pueden tener amigos? En todo caso, pueden contar con compañeros de viaje.

Las pilas de dosieres, periódicos y libros en todas las lenguas, distribuidos por todas partes, demuestran que no se trata de un salón ornamental. Un globo terráqueo separa el despacho del Rey de la mesa de reuniones. De Gaulle también tenía un globo terráqueo cerca de su mesa de trabajo, como para dar a entender que Francia aún jugaba un papel importante en el tablero internacional. Juan Carlos, lejano heredero del Imperio español, tenía la misma pretensión para su país. Reavivó notablemente los vínculos históricos que lo unían a América Latina, donde sencillamente lo llamaban «el Rey». Fue el primer rey español en cruzar el Atlántico y en promover cumbres iberoamericanas anuales. Acogió la primera conferencia de Madrid en 1991, que reunió excepcionalmente a Bush padre, a Gorbachov y a todos los líderes comprometidos con el proceso de paz de Oriente Próximo. Actuó como motor de la entrada en la CEE, él, el vástago europeo. Una abuela inglesa refugiada en Suiza, una madre de origen italiano y francés exiliada en Portugal, tíos italianos, una esposa griega de ascendencia alemana. Hoy, este globo debe de acumular polvo en un rincón. Absorta en sus problemas internos, sobre todo el separatismo catalán, España ya no brilla en el mundo.

Ningún elemento de alta tecnología perturba la armonía de la estancia. Tras una cena al lado de Steve Jobs, en la que mostró un profundo interés por la informática, Juan Carlos recibió un prototipo de NeXT. ¿Dónde estaba? No hay rastro de un ordenador semejante, solo un gran teléfono con cable junto a un hermoso libro encuadernado en tonos carmesí. ¿No será la Biblia, por un casual? Me acerco. No, se trata de la Constitución española de 1978. Me reconforta. Juan Carlos, ante todo, es un rey constitucional.

Un único lugar me marcó profundamente, un lugar que no he visto en ninguna otra parte, un lugar lleno de significado: un pasillo que conecta los despachos de los consejeros del palacio, un simple corredor. Los pasillos suelen ser espacios de paso neutros, rara vez interesantes, pero este lo decoró Juan Carlos. Incluso sospecho que es el único rincón del palacio que ha acondicionado personalmente. Es un pasillo que solo él y sus colaboradores recorren cada día, un pasillo revestido de cuadros. Y, cuando una los mira de cerca, descubre que consisten en caricaturas de Juan Carlos publicadas en la prensa desde que es rey, debidamente enmarcadas, en ocasiones con dedicatorias de los autores. Caricaturas de todo el mundo. Me fijo de inmediato en la de Plantu, donde dibuja a Mitterrand como un monarca al estilo Luis XIV, con corona, condecoraciones y capa de armiño, que le pregunta a un Juan Carlos con aire retraído, vestido con un simple traje y las manos en los bolsillos: «¿Qué se siente al ser rey?». El Rey está desconcertado y no sabe qué responder. No conozco a ningún otro hombre de poder que sepa verse a sí mismo con tal perspectiva, con tanta capacidad de burla, y que tenga una voluntad semejante de ser humilde frente a su cargo. Todavía estoy asombrada. Me habría gustado entrevistar al Rey en este pasillo, en el «pasillo de la automofa», «el pasillo del humor», en medio de sus caricaturas... Pero, por desgracia, se determina que nuestro encuentro será en su despacho.

¿Ha conservado Felipe este pasillo intacto? Dudo que la actual Casa Real tenga tanto sentido del humor, pero quizá no se haya arriesgado a hacer cambios en la decoración.

II
El encuentro

Invierno de 2014

1

¿Qué se le lleva a un rey? ¿Una caja de bombones o un libro, como cuando vas a cenar a casa de unos amigos? Cuando se trata de mis amigos más íntimos, yo ya no llevo nada. Cuando voy a casa de desconocidos, intento llevar algún detalle para romper el hielo. Pero a casa de un rey que *a fortiori* por supuesto ya tiene de todo, ¿qué se puede llevar para complacerle o conmoverle? Esa era la pregunta que me rondaba la cabeza unos días antes de la entrevista.

Juan Carlos fue a La Habana para presidir una cumbre iberoamericana en 1999. Cuando José María Aznar ya estaba en el aeropuerto, listo para volar de vuelta a España, Fidel Castro hizo que el coche del Rey cambiara de ruta para llevarlo a una de sus residencias y tomarse una última copa. Como dueño absoluto de su isla, el Líder Máximo también es dueño de los relojes, y ejerce su omnipotencia tanto sobre su pueblo como sobre los visitantes. El Rey trata de acortar la conversación, le esperan un avión y el presidente del Gobierno. En el momento de la despedida, se fija en un cuadro. Castro insiste en ofrecérselo como regalo, puesto que le pertenece toda la isla, lo cual todavía retrasará más la partida. Acompaña al Rey hasta el aeropuerto, ocupando el lugar de Sofía en el coche oficial, que se ve relegada a otro coche al final de la comitiva. Juan Carlos llega con más de dos horas de retraso según el programa oficial.

Me habría encantado espiar la conversación entre estos dos

gigantes políticos, ver cómo el monarca comunista trataba de cautivar a mi monarca democrático. Castro es conocido por sus dotes de seducción. En la cena de bienvenida, le regaló a Juan Carlos una foto de sus padres en Cuba. Al Rey le conmovió sobremanera. Yo también le llevaré una foto, pero una foto mía, una foto que tengo en muy alta estima, una imagen que debería permitirle descifrar cuál es mi enfoque. En ella se ve a Juan Carlos de perfil, risueño en plena conversación con Jorge Semprún. Entre ellos, mi padre, frente al objetivo, con una expresión de buen alumno, tal vez incluso impresionado. ¿O quizá es la corbata la que le confiere ese aire de niño aplicado? Por aquel entonces, debía de ser consejero de alguna cosa en el Elíseo. Me encanta esta imagen llena de vida, de espontaneidad, de este magnífico trío improbable.

Recurrí mucho a Jorge Semprún mientras preparaba mi biografía sobre el Rey. Encarnaba una España épica, valiente, efervescente, cultivada. Vástago de la gran burguesía madrileña, su familia se exilió en Francia durante la Guerra Civil. Terminó brillantemente sus estudios en el liceo Henri IV (el mejor de París) antes de unirse a la Resistencia y al Partido Comunista. La Gestapo lo deportó a Buchenwald. Fue únicamente mediante una amnesia voluntaria que logró reconstruirse. Y también gracias a la lucha. Se implicó en la lucha contra Franco. Este espíritu demasiado vivo y libre acabó por ser expulsado del Partido Comunista en 1964 por «divergencias con la línea del partido». Luego logra reconstruirse gracias a la escritura, autobiográfica, y a los guiones de películas comprometidas.

Formaba parte de aquella cuadrilla cómplice y fraternal que rodeaba a mis padres: Costa-Gavras, Signoret, Montand. Así y todo, me sentía intimidada por este escritor, cuya obra imprescindible veneraba. Pero su simpatía y entusiasmo tan españoles vencían mi timidez, y me dejé llevar por ellos. Me introdujo en su red de amigos, me sugirió sobre qué puntos reflexionar, me animó a escribir. Teníamos una complicidad de francoespañoles o de hispanofranceses. A la postre, nos consolábamos mutuamente por ser extranjeros en Francia y en España. Le reconocí que, de vuelta a Francia, me costó varios meses comprender que *Semprun*, pronunciado a la francesa en mis clases de preparatoria (para escuelas superiores) era el mismo escritor Semprún, pronunciado a la española, el militante antifranquista que llegó a ser ministro de Cultura. No me resultó fácil reconciliar estos dos mundos. Me contaba las animadas conversaciones entre Stalin y Carrillo. «Vosotros, los españoles, no comprendéis nada del internacionalismo proletario ni del marxismo. ¡A vosotros solo os interesan Dios y la Virgen Santa!», le reprochaba el dictador al dirigente español, quien replicaba de inmediato: «Camarada, puede decir lo que quiera de Dios, me da igual, pero la Virgen Santa, en mi presencia, ¡ni tocarla!». Le confié a Semprún que yo también tenía una imagen de una Virgen que nunca se separaba de mí, la Virgen de la Macarena, «la más guapa de Sevilla». ¡No se sale indemne de la Semana Santa! Estos ídolos siguen acompañándome, por si acaso...

Se demoraba en los bares de Madrid viendo partidos de fútbol para pasar inadvertido cuando iba a la ciudad clandestinamente durante la dictadura. En España, un hombre que no se interese por el fútbol es de lo más sospechoso. Ambos teníamos nuestra España. Yo, la Andalucía exuberante y festiva; y él, la Castilla austera y política. Al concluir nuestros encuentros, me acompañaba hasta la puerta cochera de su inmueble del distrito séptimo como si fuera una cuestión de honor, a pesar de sus terribles dolores de espalda. Un auténtico caballero hasta el final.

Me llevaré la foto a la Zarzuela como si fuera un talismán. Mi padrino intelectual, mi padre y mi objeto de estudio: un resumen perfecto de la situación. Pero no se la regalaré. No voy para complacer, sino únicamente para comprender.

2

Comienzo a acostumbrarme a la magia del lugar, a los gamos, a la vista, a las puertas que se abren sin que haya que empujarlas. Reconozco a los guardas, bromeo con el jefe de seguridad. El mayordomo ha entendido que no bebo café, sino té. Ya ni siquiera me fijo en la triste decoración. Este sitio ya no tiene secretos para mí y yo ya no tengo secretos para él. Lo único que sigue llamándome la atención: le falta alma.

Rafael Spottorno toma la precaución de prevenirme: el Rey está cansado a causa de las largas sesiones de rehabilitación y sigue padeciendo dolores, lo cual puede afectar a su humor. No es algo que me tranquilice. El jefe de la Casa Real también desea que el rodaje sea íntimo, y que solo participen las personas indispensables. Prevé que un monarca atrae a más gente de la necesaria, mirones, curiosos, interesados, cortesanos... Pero, entre las dos cámaras, el equipo de sonido y la iluminación, apenas cabemos en el ya escaso espacio del despacho real.

Estaré ante el Rey durante dos tardes para hacerle preguntas. El estrés sube de nivel. ¿Y si no se presta al juego de la entrevista? Para evitar cuestiones espinosas, Franco fingía no oír. Juan Carlos había aprendido la técnica del mejor, la de las evasivas. Una astucia reservada a los grandes de este mundo.

3

Juan Carlos llega a la hora prevista. La puntualidad es sin lugar a duda la cortesía de los reyes. Pero en España, donde el retraso es la norma, donde los horarios son flexibles, es algo sorprendente. Tanto más cuanto que el poder otorga el derecho de hacer esperar. Había hecho todos los preparativos y llevé una pila de periódicos para esperar leyendo. Pero, apenas me siento, irrumpe. Abre una puerta secreta y aparece, acompañado de Rafael Spottorno. Se muestra jovial, tiene los ojos chispeantes y la voz enérgica. Desprende una fuerza juvenil pese a sus piernas frágiles; su dinamismo parecería encorsetado en un cuerpo debilitado. Su porte es impetuoso. ¿O es su sonrisa? Me impresiona su corbata de un rosa resplandeciente. Trato de examinarlo, pero el jefe de la Casa Real ya está junto a mí para presentármelo. No sé si hago un amago de reverencia, o si le tiendo la mano, o ambas cosas; si tengo una expresión de sorpresa o de embeleso; si farfullo unas palabras o si me limito a soltar una rápida banalidad; ni siquiera me acuerdo de si me dirijo a él en español o en francés. Durante unos largos instantes, vacilo.

Todo se concatena con demasiada celeridad. Pensaba que tendría tiempo para revisar las primeras preguntas, para aclimatarme a una situación un tanto angustiosa para quien nunca ha estado en primera línea. Siempre había estado relegada a un segundo plano, cómodo y sin riesgos. Por primera vez, tengo que asumir que no voy a ser una comentarista pasiva, una acompañante de mi marido o de mis padres. Es mi encuentro con la Historia, mi entrevista con el Rey, bajo los proyectores. Estoy convencida de que domino el entramado de su vida. Las cuestiones a tratar durante la entrevista no me preocupan en absoluto, pero debería haber preparado mejor el preámbulo, los primeros minutos cara a cara cuando nos familiarizamos con el otro, cuando lo evaluamos. Sin duda me comportaba de manera inexperta y con cierto desenfado.

¿Le decepciona esta pequeña parisina insegura que le va a avasallar a preguntas? ¿Por qué me ha escogido a mí, entre los numerosos periodistas e historiadores que tratan de entrevistarse con él? Una extranjera, una mujer, una desconocida, una hija de republicanos izquierdistas. A fin de cuentas, no tengo muchas cosas a mi favor. ¿O precisamente esto constituye una ventaja? No pertenezco a ningún cenáculo divisivo español, no espero ninguna prebenda, soy libre. ¿Quizá mi libertad también le confiere a él libertad? Estoy preparada para abordar cualquier cuestión, sin tabúes, y él puede responderme sin temor. Poco importa mi opinión, puesto que no soy más que una observadora lejana, al margen de los debates internos de España.

4

Verdaderamente, Juan Carlos tiene «pinta de rey». Posee el físico de su cargo. Esta es la impresión que me queda de aquellos primeros instantes con él. Es sin duda un digno descendiente de Luis XIV, en una versión más agraciada pero igual de distinguida: una frente amplia, una nariz ineludible, una mirada expresiva, un porte majestuoso y un no sé qué imponente. Habla un francés preciosista, el mismo que hablaban mis abuelos: entonación elegante, lenguaje pulido, pronunciación impecable. Hoy se habla un francés con prisas por acabar, en los medios de comunicación amputan el francés, se comen las sílabas o entrecortan las palabras, y a veces incluso resulta incomprensible para alguien poco avispado como yo. ¿Será un signo de mi falta de adaptación a la sociedad del espectáculo? Le confío mi asombro al oírle discurrir con tanta espontaneidad y fluidez en la lengua de Molière. «Incluso sueño en francés», me responde. Una reliquia de su infancia suiza. En una época en que todavía era la lengua diplomática y de la cultura, el dialecto de la élite.

El Rey se muestra jovial. Está acostumbrado a llevar la voz cantante, a ser el centro de atención. Saluda calurosamente a todos los técnicos, todos los miembros del equipo tienen derecho a un apretón de manos, a que les dedique una palabra amable, una broma o una deferencia.

—Voy a presentarle a la productora del documental, Fa-

bienne Servan-Schreiber, que ha venido de París para saludarle
—le digo.

—¿De la familia de Jean-Jacques?

—Muy lejanamente... Jean-Jacques Servan-Schreiber está
más vinculado a mi marido, su hijo.

No llevo mi nombre de casada, una última resistencia femi-
nista, y es la primera vez que me jacto de esta filiación política.
Ya me costó bastante emanciparme de mi patronímico como
para cargarme con otro.

—Me acuerdo de *El desafío americano** y de su viaje a Madrid. Traía ideas nuevas. En aquella época, eran muy necesarias
en España. Dio una conferencia en la universidad de la que se
habló mucho. Generó un gran revuelo. Ya no recuerdo en qué
año fue exactamente.

Yo tampoco. Me siento avergonzada. Solo recuerdo haber
leído en los archivos diplomáticos el informe del embajador de
Francia en España, aliviado ante la partida de «Jean-Jacques y su
circo», resaltando de paso las bellas mujeres que lo acompaña-
ban, y su discurso sobre el liberalismo y la democracia que había
dado (golpeó) en las narices de la policía franquista. *L'Express*,
que por aquel entonces era el único semanario político francés
del cual era fundador y director, se leía a escondidas entre la
juventud española anhelante de apertura. Me han repetido tan-
tas veces que el Rey no es un intelectual, que no es un hombre
cultivado, que no le gusta leer, que me quedo anonadada. No
pude imaginar que le hablaría de mi suegro, una estrella fugaz
para toda una generación, precisamente la suya, pero que después cayó en el olvido. Ya me siento desconcertada.

---

* Superventas mundial publicado en 1967 que exponía la influencia estadounidense en Europa.

5

Mientras esperamos que los técnicos terminen de instalar el equipo, saco del fondo de mi bolso la foto en la que sale él con Jorge Semprún y mi padre. Parece sorprendido. Definitivamente, la foto desprende la sensación de una pandilla de amigos que recuerda a la película *Un éléphant ça trompe énormément*, con Rochefort, Brasseur y Bedos.* La mira con atención, sin gafas. Quizá los reyes tengan un truco especial contra la presbicia. «Un gran hombre», dice señalando con el dedo a Semprún. Dedica unas palabras amables a mi padre y le da la foto a su edecán, que anticipa sus necesidades y expectativas con discreción. La recuperaré al día siguiente, pegada a un cartón con las insignias reales y dedicada. Ahora ya tiene más caché...

En un encuentro posterior, tres meses más tarde, le llevo unos dibujos de mi hija. Me imagino que habrá recibido toneladas de ellos a lo largo de su reinado. Mi hija de ocho años se queja de que la deje en segundo plano. En casa, tienen sobredosis del Rey, están saturados de mis historias sobre él: un libro, y ahora una película... ¿No podría cambiar de tema? Le prometo que le daré al Rey sus dibujos de caballos y que volveré pronto.

---

* Popular comedia francesa de 1976 dirigida por Yves Robert. En español se tradujo como *Un elefante se equivoca enormemente*, perdiéndose así el juego de palabras entre *trompe* («trompa») y *ça trompe* («ser incorrecto» y «poner los cuernos»).

Los dejo, un poco avergonzada, sobre la mesa de su despacho. Mezclar lo profesional con lo personal es delicado. ¿O tal vez soy la única que quiere guardar su pequeño jardín secreto, preservar su intimidad? Juan Carlos parece enternecerse, o lo finge de maravilla. Podría haberse quedado atónito, o mostrarse importunado. Me pregunta la edad de mis hijos. «¡A esta edad necesitan moverse en todo momento, están llenos de vitalidad!», me responde con conocimiento de causa, pues él es padre de tres hijos y compinche de sus innumerables sobrinos. Asiento, e insinúo un ligero agotamiento. Algunos sueñan con recibir un día el Toisón de Oro, la mayor distinción que otorga la Corona, y yo con una casa grande con jardín y una niñera a jornada completa. Cada quien tiene sus esperanzas, sus ilusiones.

El Rey prosigue con más preguntas para averiguar a qué colegio van, qué les interesa, cómo es su vida parisina. Estoy acostumbrada a hombres que eluden estas cuestiones, sobre todo cuando pertenecen a una generación que no ha brillado por su atención al cuidado paternal. Hablan de su prole para vanagloriarse de que han accedido a la misma universidad elitista que ellos. Y rara vez dicen algo más. Me confunde tanto este exceso de deferencias reales que respondo con prontitud, por miedo a aburrirlo. ¿Es este el juego de seducción normal de un monarca con sus súbditos? ¿Está intentando manipularme y ablandarme mostrándose «cercano al pueblo»? ¿O de verdad trata de salir de su burbuja para conocer la vida cotidiana de los demás?

Al día siguiente, me dará una foto de él dedicada para mi hija. «Es su retrato favorito —me confía el edecán discretamente—, y raras veces lo regala». Aparece en su mesa de trabajo, con un traje gris y una expresión seria. Su firma lleva una «R» pegada, que significa «Rey». El lunes 2 de junio de 2014, tres días después de nuestra entrevista, anunciará a los españoles su abdicación, hecho que tomará por sorpresa al país. Me pregunto si se trata de la última dedicatoria que ha hecho como soberano.

Un monarca, como cualquier otra celebridad, suscita comportamientos singulares, como si la notoriedad pudiera influir sobre nosotros. Si son famosos es gracias a nuestra mirada atónita. Nosotros les devolvemos, como si de un espejo se tratase, la imagen de su fama. El Rey debe de sentirse halagado al constatar que unos y otros se afanan en hacerse una fotografía con él. Yo en cambio soy tonta por no haber pensado en ello. Sin duda me quedan muchas cosas por aprender. Mi único descubrimiento: siempre somos la celebridad de otro. Lo comprendí al ver en el Foro de Davos a los jefes de Estado, a los empresarios adinerados y a los presidentes de bancos centrales correr detrás de Brad Pitt y Angelina Jolie para hacerse un selfi. Incluso Bill Clinton se unió a aquella muchedumbre que iba en busca de reconocimiento. No sé detrás de quién corren Brad Pitt y Angelina Jolie, pero estoy segura de que ellos también tienen sus ídolos.

6

Nos sentamos uno enfrente del otro, listos para empezar la entrevista.

Me siento intimidada, no me atrevo a mirar al Rey a los ojos. Sin embargo, él no muestra impaciencia alguna. Posa con delicadeza sus dedos entrecruzados sobre la mesa mientras espera a que hagan los últimos ajustes técnicos. También advierte los cambios que ha sufrido su despacho para colocar los cables y las cámaras. Reparo en sus manos, finas, cuidadas. Unas manos inmaculadas, manos de un monarca que no precisa ni abrir la puerta de un coche. Pocas personas disfrutan del privilegio de tener unas manos que nunca han lavado la vajilla. ¿Alguien se imagina a un rey fregando una cazuela? Estas son unas manos que, como mucho, han sujetado un fusil de caza, las riendas de un caballo, los mandos de un helicóptero. Son un indicador social. Con todo, hay quienes, a pesar de ser príncipes, tienen manos de carnicero, toscas y enrojecidas, como Carlos de Inglaterra. Tal vez se ha dedicado con esmero a la jardinería y a arar la tierra mientras espera a que finalmente su madre decida pasarle la corona.

Al observar las manos de Juan Carlos, pienso en la conversación entre Diáguilev y Alfonso XIII.

—Usted no es pianista, no es compositor, no baila, no es coreógrafo. Entonces ¿qué es lo que hace? —le preguntó el Rey al director de los Ballets Rusos. Y este respondió:

—Majestad, yo hago lo mismo que usted. No trabajo, no hago nada. Pero soy indispensable. Sin mí, no habría espectáculo.

Sin Juan Carlos, de manos inmaculadas, no habría España moderna.

III
¿Le pertenece su historia?

2014

1

Claqueta de inicio.

Comienzo por su infancia. Para favorecer las reminiscencias, le enseño imágenes suyas, un joven de bucles dorados y sonrisa angelical, con bermudas, calcetines altos y una chaqueta que le queda grande por los hombros. «Llevaba la vida de un niño feliz, con mi familia, exiliados en Estoril...».

Surge una duda: ¿la entrevista debe llevarse a cabo en francés o en español? Me asalta el pánico, me giro hacia Rafael Spottorno, que se mantiene apartado a un lado. Salida en falso. Empezamos de nuevo en español. Aunque mantendremos el francés para los apartes, los comentarios fuera de cámara. El español será nuestra lengua profesional; el francés, nuestra lengua privada. ¿Tal vez sea para él su lengua de la infancia, de la intimidad? El español se convirtió en su lengua corriente a los diez años, cuando se instala en España. Antes, cuando residía en Suiza, se cuenta que su abuela británica, Victoria Eugenia, la nieta preferida de la reina Victoria, le enseñaba a pronunciar las erres españolas para atenuar su acento francés. Cuando Luis XIV envió a su nieto a reinar en España, no le preocupó lo más mínimo su nivel de español.

Tres siglos más tarde, Juan Carlos no se podía permitir que lo escucharan y lo percibieran como un príncipe extranjero. Incluso las cortes reales acaban por adaptarse al sentir de la época, al nacionalismo. No obstante, Juan Carlos es el genuino producto de un linaje europeo, y el francés es su idioma del corazón. No podemos luchar contra nuestros orígenes.

2

«Llevaba la vida de un niño feliz. No pensaba en absoluto en la política, ¡solo pensaba en jugar!», me responde el Rey, esta vez en español.

Es mi primera decepción, la primera de una larga serie. En mi biografía, le construí una infancia ensombrecida por el exilio, las mudanzas consecutivas, la situación precaria de su padre don Juan, el titular de unos derechos dinásticos cuyo reconocimiento reclamaba. Una infancia incautada por la política y la inestabilidad, empañada por la nostalgia de los palacios y del país. ¿O acaso fue una proyección de mi infancia sobre la suya? Los golpes de Estado en América Latina me abrumaban, las campañas electorales en Francia me hastiaban, la bomba que destruyó el domicilio de mi padre me traumatizó, las llamadas nocturnas con amenazas me desvelaban, el espectro de un secuestro me volvió hogareña. Fui espectadora de discusiones parentales que no permitían ni la despreocupación ni la alegría, era la rehén de unas tensiones que me apabullaban. Los años cuarenta fueron mucho más agitados y angustiosos que los años setenta y ochenta: los tratados de paz, el telón de acero, la reconstrucción de Europa, el retorno del monarca a España, el descubrimiento del Holocausto... ¿De verdad tuvo Juan Carlos una infancia feliz? Expongo algunos detalles biográficos que ayudarán a comprender mi desconcierto.

Juan Carlos nació en Roma el 5 de enero de 1938. Siete

años antes su abuelo, Alfonso XIII, dejó su reino, justo antes de la proclamación de la Segunda República. Renunció a su cargo de jefe de Estado, aunque sin abdicar, para evitar un baño de sangre. Desembarcó primero en Francia, antes de instalarse en Italia, en el Grand Hotel de la capital. La ardorosa República le despojó de sus títulos, de sus bienes y de sus derechos, pero tuvo la magnanimidad de hacerle llegar las joyas a su esposa, la reina Victoria Eugenia. Todavía mantenía la esperanza de recuperar el trono un día y en 1936 apoyó el pronunciamiento de Franco, el general más joven de su Ejército, y su Reconquista del país. No obstante, fue en vano. Tras cuatro años de guerra civil sangrienta, Alfonso XIII sabía que iba a morir sin volver a ver su patria. Franco, a la cabeza de un movimiento militar y de una cruzada católica contra los «rojos», utilizó con astucia el respaldo monárquico antes de deshacerse de él y así acaparar el poder. Pasó de general a generalísimo, y después a Caudillo. Se libró de todos los competidores potenciales y construyó un partido único, un Parlamento a su servicio, y fosas comunes y campos para los opositores.

Dos semanas antes de su muerte en 1941, Alfonso XIII legó sus derechos dinásticos a su cuarto hijo, don Juan, su único vástago sano. Su mujer, la reina de origen británico Victoria Eugenia de Battenberg, introdujo la hemofilia en el linaje de los Borbones de España. Aunque el tío de la prometida, el rey del Reino Unido Eduardo VII, se lo advirtió a Alfonso XIII, el monarca no pudo resistirse a los encantos de la princesa real más bella de Europa. Entre los siete hijos, uno de los cuales había nacido muerto, solo podía asumir el cargo el infante don Juan, que se dio a conocer con el título de conde de Barcelona. Este navegante experimentado, que llevaba tatuajes en los brazos, se impuso gracias a su carácter entusiasta y simpático. Acababa de casarse con María de las Mercedes de Borbón-Dos Sicilias y Orleans, una prima, descendiente directa de Luis Felipe y del último rey de las Dos Sicilias.

La errante familia real se refugió en las orillas neutrales

del lago Lemán mientras los Aliados despellejaban a Hitler. Su hija mayor, Pilar, Juan Carlos, después Margarita, que nació ciega, y el pequeño, Alfonso, componían una fratría muy unida que dulcificó los tormentos del exilio. Un preceptor español, estricto y austero, tan inflexible como exigente, se encargó de la educación de Juan Carlos, el heredero del heredero de la Corona. Su padre esperaba convertirse rápidamente en Juan III gracias al apoyo de los Aliados, pero, contra todo pronóstico, Truman lo abandonó en la Conferencia de Potsdam. Una monarquía débil no hubiese resistido una ofensiva de Stalin. Obligados por la Guerra Fría, Estados Unidos se convirtió en un socio fiel a Franco, un escudo europeo contra el comunismo. Don Juan vio como de pronto su trono se volatilizaba.

A solo unos pocos cientos de kilómetros de su madre patria y de su reino evanescente, don Juan se instaló en Estoril y en la Riviera portuguesa, donde seguiría conspirando. Se encontró con una plétora de miembros de la realeza en el exilio. En aquel momento, la monarquía no estaba muy de moda en Europa.

Mientras sus dos hermanas y su hermano se divertían con los hijos de Saboya y de París, nuestro príncipe de ocho años se marchitaba en un internado suizo en Friburgo dirigido por padres marianistas con una disciplina de hierro. No son solo las duchas frías y las habitaciones mal calentadas lo que lo marcó, sino también el abandono. Quien espera ser coronado debe ser educado sin contemplaciones si se le quiere convertir en una personalidad responsable y preparada para soportar el peso del Estado. Don Juan prohibió que su madre lo llamase, para curtirlo. Su abuela y madrina, Victoria Eugenia, que reside en Lausana, suplía el vacío afectivo con visitas semanales. Juanito, como lo llamaban sus amigos, solo regresaba a su hogar en vacaciones.

Teniendo en cuenta estos hechos biográficos, me permito insistir:

—Majestad, ¿no conserva de su infancia recuerdos de tristeza, malestar, debido al exilio, a las constantes mudanzas y a la delicada situación de su padre?

No ve en absoluto a dónde quiero llegar. Me mira desconcertado, y me confirma con un tono pausado:

—Fui muy feliz con mi hermano, mis hermanas y mis amigos. Tuvimos una vida llena de cariño, alegre.

Se desencadena un diálogo de sordos.

—¿No se hablaba continuamente de política en casa?

—A los siete o diez años poco interesa la política, ¿no le parece? Uno prefiere jugar.

—¿Usted no creció en un ambiente nostálgico de España, de la Corona?

—En absoluto. Mi padre recibía a visitantes españoles, hablábamos mucho de España, pero el ambiente en casa era muy jovial.

—¿No le hacía sufrir su estatus de exiliado?

—Cuando tenía que estudiar, estudiaba; cuando podía jugar, jugaba. Nos mudábamos con mucha frecuencia, pero eso era todo.

—¿Tiene la sensación de haber recibido una educación particular para un príncipe, más estricta o politizada que la de su entorno?

—No era tanto una educación particular, sino más bien singular. Pero en esta época, verdaderamente no pensaba en política. Pensaba en divertirme como un niño.

A posteriori, me pesa mi obstinación. Mi entrevista con el Rey siguió por esos derroteros, siempre con la misma perseverancia por mi parte, hasta el extremo de confiarme en privado que era «peor que un destornillador», que «presionaba hasta llegar al fondo». No lo tomé como un cumplido. Por lo tanto, yo era el destornillador del Rey, mientras que otros podían aspirar a un estatus más ventajoso: el cortesano del rey, el bufón del rey, el confidente del rey.

No pude evitar insistir; no soportaba que sus respuestas difirieran de mis construcciones teóricas. ¡Yo ya sabía las repuestas a mis preguntas, incluso podría adelantarme a sus réplicas! Verme enfrentada a otra versión me resultaba insoportable. A fuerza de investigar, él se había convertido en «mi» historia. Me costaba aceptar que su historia le perteneciera. El encuentro entre la biógrafa y su objeto de estudio es a la postre doloroso. ¿De verdad tenía ganas de escuchar su voz, su interpretación, sus impresiones? Allí donde veía sufrimiento, él solo recuerda júbilo. Me corroboraría aquellas palabras su hermana mayor, la infanta Pilar, a la que entrevistaría un mes después. Por si se diera el caso de que los recuerdos de Juan Carlos no fueran totalmente exactos. Yo seguía desconfiando. «Había un ambiente muy alegre en casa... Tuvimos una infancia deliciosa, maravillosa. Trepábamos a los árboles, jugábamos con los amigos. Mi padre era partidario de que practicásemos todos los deportes, porque decía que, cuanto más cansados estuviéramos, menos trastadas haríamos, ¡y tenía toda la razón!», me contó la hermana del Rey. No me quedaba otra opción que resignarme.

El Rey se expresaba con frases cortas, definitivas. La infanta Pilar, más locuaz, se ocupó de los detalles. Su vitalidad y temperamento me impresionaron. Con setenta y ocho años, viuda, madre de cinco hijos y abuela de un montón de nietos, algunos de los cuales vivían en su casa, desprendía un entusiasmo inconmensurable. El tipo de mujer a la que se seguiría hasta el fin del mundo, que no veía los obstáculos, que no sentía miedo, que amaba un buen manjar rodeada de muchos comensales. Contravino la tradición al decidir estudiar —obtuvo un diploma de Enfermería— y al contraer un matrimonio morganático. Falleció a causa de un cáncer el 8 de enero de 2020, y dejó a su hermano desconsolado. Me había dicho, refiriéndose al funeral de su padre don Juan: «Mis familiares siempre mueren en invierno o al principio de la primavera, aún húmeda y glacial. Los entierros ya son tristes de por sí, pero además nosotros nos helamos de frío de los pies a la cabeza. ¡Tendríamos que cambiar de estación para las exequias de la familia!». Me acordé de esta frase cuando anunciaron su fallecimiento. No consiguió romper el maleficio. Su madre, doña María de las Mercedes, había muerto el 2 de enero del año 2000; su abuelo, Alfonso XIII, el 28 de febrero de 1941. El frío llama a la muerte en casa de los Borbones de España.

Hoy le agradezco a Juan Carlos la calma con la que toleró mi insistencia. Siempre mantuvo una mirada sincera. En algún momento pudo haber lasitud, después de más de tres horas de conversación, pero no percibí ninguna falsedad. ¿Por qué mentir en el umbral de su reinado? ¿Anhelaba aferrarse únicamente a los buenos recuerdos y olvidar los sufrimientos pasados? Después de todo, ¿de qué sirve compadecerse cuando se es rey, cuando se ha cumplido con la misión para la cual se ha sido educado, esto es, restablecer la monarquía española? Debía respetar sus explicaciones. Quizá un monarca no puede quejarse, ni reconocer sus fallos. Visto que el destino le ha premiado desde el nacimiento, ¿tiene derecho a estar afligido, a compartir sus sentimientos? ¿Se lo prohíbe a sí mismo por decencia hacia aquellos que carecen de títulos nobiliarios y que no viven en un palacio, aunque sea feo? ¿Un rey puede ir al psicólogo?

3

La infanta Pilar me dará una clave para comprender mejor: «En nuestra familia, está muy mal visto quejarse. No nos lamentamos. A nadie le interesa tu dolor de cabeza o lo que te haya pasado. Es mejor callarse que gimotear. Aunque estemos muriéndonos, no nos quejamos. Pregúnteselo a los médicos que han tratado a mi hermano durante toda su vida, el Rey no se queja nunca. Hay que aceptar la vida tal y como es». Es la fortaleza de las grandes personalidades. ¿En esto consiste la dignidad de la realeza? ¿Cómo lo hacen quienes no tienen la misma resistencia frente a los avatares de la vida? ¿Cuántos sacrificios personales se habrán soportado en nombre del silencio?

A pesar de su implacabilidad, me atrevo a preguntar:

—¿En su familia nunca se rebela nadie?

—Tu país, España, está por encima de ti, de tu personalidad y de tu rebelión. Si esa rebelión es en favor de tu país, muy bien. Si no, no sirve de nada. En nuestra familia es así. No eres nadie si no haccs algo por tu país.

La familia real es la esclava voluntaria de su patria. España es su deber sagrado. Cuando el Rey habla de ella, alza los ojos al cielo, como si se refiriera a un dios omnipotente, a una fuerza espiritual. No conozco a nadie que mantenga una relación semejante con Francia. De Gaulle, seguramente. Y ¿quién más? El sentido de Estado no está muy de moda, y menos en España, donde se ha debilitado en beneficio de las regiones.

Le pregunto a Juan Carlos:

—¿Cómo surgió este vínculo tan íntimo con España, si vivía en el exilio?

—Desde niño, mi padre nos inculcó el amor por España. España era su gran leitmotiv. No pensaba en otra cosa. Se sacrificó por España.

Otro aspecto difícil de comprender para mí, que me he construido entre varios países, varias culturas, sin un verdadero apego nacional más allá de la literatura francesa. Mi nacimiento tardío me eximió de cualquier compromiso guerrero o patriótico. Soy más bien heredera de valores que de una nación única. Sin duda, me cuesta comprender los móviles de la realeza. ¿Acaso la sangre azul que les corre por las venas es verdaderamente singular? ¿O se trata más bien de palabras vacías, de una propaganda bien ensayada desde que Felipe V ocupó el trono de España en 1700? Luis XIV, su abuelo, le dio un consejo: «Sé un buen español, este es ahora tu deber principal». Desde hace tres siglos han mantenido viva la llama de tal transcendencia, de una Corona asociada a una patria que justificaría sus privilegios. La devoción por un reino. ¿Cómo se transmite? ¿Cómo es posible que no se haya debilitado a lo largo de los siglos y de las vicisitudes de la monarquía, entre las guerras, los exilios y los fallecimientos prematuros? ¿Cómo seguir creyendo en este pensamiento mágico, arcaico, en la época de las redes sociales, de la supremacía de la opinión sobre la razón, de la inmediatez sobre la Historia?

Percibo la monarquía como una marca, *a brand*, como dirían en mis cursos de marketing en la escuela de HEC (Hautes Études Commerciales), con una imagen que defender, con actores y valores, productos nuevos, una cotización fluctuante y una identidad propia e irremplazable. El rey actuaría como director de marketing, apoyado por un equipo, la familia real, donde los ejecutantes serían los consejeros de la Casa Real. Cada matrimonio o entierro da lugar a estrategias de prensa dignas de multinacionales. Probablemente sea una deformación grotesca, debida a mis estudios y al sentir de una época en la que los términos económicos se adelantan a los políticos. Carente hoy en día de cualquier poder ejecutivo, a la Corona solo le queda la función de representación, revestida de una influencia moderadora y unificadora, sobre un país sumido en el desmantelamiento, en la división. Estar por encima, inspirando al mismo tiempo confianza y proximidad, apego y emociones, para garantizar la estabilidad y la cohesión. El difícil equilibro del *soft power*.

Hay una imagen que, a mis ojos, encarna la monarquía de Juan Carlos, puesto que toda Corona está modelada y ajustada a su representante supremo en una época concreta y de acuerdo con su personalidad. Se trata de una imagen del Rey, rodeado de su mujer y sus hijos, en la catedral de la Almudena de Madrid, cuando se celebró la misa en homenaje a los ciento noventa y dos muertos del atentado del 11 de marzo de 2004 perpetrado por Al-Qaeda, el más mortífero en Europa desde la Segunda Guerra Mundial. Asistieron jefes de Estado de todo el mundo para apoyar a España en este trance. Al acabar la ceremonia religiosa, Juan Carlos rompió el protocolo para ir a abrazar a las familias de las víctimas, una tras otra, fila a fila. Estaba tan conmovido que tuvo que sacar el pañuelo del bolsillo. Le acompañaba la familia real al completo, igual de conmocionada que el resto de las familias enlutadas. Los miembros del Gobierno se mantuvieron impasibles. Algunos contemplaban la escena de lejos, pero no se les ocurrió acercarse; otros prefirieron recogerse y fijar la mirada en el suelo. Le dejaron al Rey su función consoladora. Estaba en comunión con su país, que necesitaba ser reconfortado y sentirse acompañado en aquel tiempo de adversidad. Fue un momento de catarsis nacional que solo Juan Carlos pudo dirigir, simbólica y físicamente. Los señores feudales protegen a sus vasallos desde la Edad Media. Es un arcaísmo que persiste. Vestigio de un tiempo en el que el tacto del rey curaba enfermedades.

Para los políticos, el poder es una vocación. Y ¿para los reyes? No se trata de preguntarse si les gusta o no su profesión, han nacido para ella. La infanta Pilar me lo explicó: «Es lo que eres. Desde que naces, es tu obligación. Cuando te han educado para ello, se convierte en algo natural, no te devanas los sesos. En el fondo, somos personas sencillas. [...] Pero nos juzga la Historia. No nos juzguéis en la vida cotidiana, sino al finalizar nuestra existencia». Los soberanos no tienen más opción que creer en su predestinación y someterse a un superego poderoso. O abandonar, como hizo el triste y famoso duque de Windsor, Eduardo VIII durante solo trescientos veintiséis días, un caso insólito en la historia de las monarquías europeas. Entrar en la realeza es como entrar en una orden, es ponerse al servicio de una institución, acatar una vida de deberes, de abnegación. Una vida en la que se deben refrenar las inclinaciones y deseos propios. Un amigo de la infancia de Juan Carlos, José Luis Leal, que llegaría a ser ministro de Economía, me habló acerca de una visita a la Feria de la Industria en compañía del entonces príncipe, que en aquella época tenía una veintena de años, y de su preceptor, el duque de la Torre. En el estand de Pegaso, que exponía los vehículos deportivos de la época, el director le quiso regalar el último modelo a Juan Carlos. El príncipe estaba encantado, puesto que apreciaba sobremanera los coches de gran cilindrada, pero su preceptor se opuso firmemente. La Corona no podía asociarse con esa imagen de futilidad y fanfarronería. Juan Carlos salió de la feria con una máquina de escribir bajo el brazo. El Rey se ocuparía de subsanar aquella frustración primigenia acumulando en su garaje motos y coches ostentosos. Según declara el propio Juan Carlos: «Hay tres palabras que mis hijos no tienen derecho a decirme: "No me apetece"». Pero ¿cómo se gestionan el resentimiento y la imposición, las heridas y la coacción?

Conocí a Felipe, que por aquel entonces todavía era príncipe de Asturias, unos días antes de su entronización. Tras su aspecto de niño sensato se oculta una verdadera simpatía, franca, directa. Es involuntariamente imponente, desde lo alto de su metro noventa y ocho de altura. Sus ojos azules iluminan la estancia. Unos pocos y discretos cabellos blancos delatan su edad. Su expresión seria contrasta con el aspecto a veces infantil de su padre. Juan Carlos actúa con instinto y espontaneidad; él, con reflexión y comprensión. Ha interiorizado la necesidad de una conducta opuesta a la de su padre. Como si los papeles se hubieran invertido. Parece asumir su destino con fatalidad y dedicación. A pesar de su contención, desprende aplomo y serenidad innegables. Encarna una *gravitas* sin arrogancia, una solemnidad estudiosa. Acostumbrado desde muy joven a las largas ceremonias oficiales, demuestra una paciencia excepcional e imperturbable. Mientras esperamos que instalen las cámaras y los focos, conversamos en un francés fluido.

«¿Cómo se aprende a ser rey?». Es un empleo sin periodo de prueba, de muy larga duración, difícilmente recusable, que solo se basa en el ADN y en una cierta educación. No existe una escuela de élite para la realeza, a lo sumo unos pocos preceptores. «Mediante el ejemplo que te dan tus padres —me explica Felipe—. Es una experiencia vital que integras a través de la vista, por el oído, por los poros, por todos lados». Como la noche del golpe de Estado, el 23 de febrero de 1981. El príncipe, de trece años, permaneció en un rincón del despacho mientras su padre ordenaba a su Estado Mayor que no se uniera a los golpistas. La infanta Pilar lo recuerda: «Nunca he oído hablar a mi hermano con tanta autoridad y determinación». «No voy a abdicar, no voy a huir. Tendréis que fusilarme», repetía a los insurgentes. Un télex que envió a uno de ellos era claro: «No se puede dar un golpe de Estado en nombre del Rey. Es en contra del Rey. Te ordeno que retires todas las unidades que has sacado a la calle. Juro que no abdicaré y que no abandonaré España. Quien se alce está dispuesto a provocar una guerra civil». La joven democracia habría podido tambalearse.

Felipe lo observaba. Acabó por quedarse dormido en un sillón, después de que su padre garantizara a los españoles su apoyo inequívoco a la Constitución. Al día siguiente tuvo que ir al colegio, como cualquier otro alumno. Había recibido su

primera lección de rey, un poco como Luis XIV en la subleva-
ción de la Fronda, y sería más memorable que un libro o la
lección de un profesor. Ahora ya sabía lo que le esperaba. No
obstante, tampoco se trata de copiar a su padre, cada uno tiene
su estilo, su método: «Mi padre nunca ha tenido la voluntad de
darme lecciones, de decirme cómo debo hacer las cosas. Más
bien ha tratado de orientarme. Cuando tenía dudas, me decía:
"Intenta resolverlas tú, te ayudaré si lo necesitas, pero primero
debes recorrer el camino tú solo". Siempre ha sido así y continúa siéndolo». Juan Carlos aplica el precepto del Siglo de las
Luces «Atrévete a pensar por ti mismo» para forjar la permanencia de la Corona. «Somos el eslabón de una cadena», sostiene
Felipe, a punto de ocupar su lugar en esta cadena que «encarna
la continuidad y la coherencia». Igual que sucede en una carrera de relevos, él no es más que el depositario provisional del
testigo. Los «dos cuerpos del rey».

4

Intento adentrarme en la intimidad de la familia real, en la época de su declive, antes de los éxitos y los honores. Imagino que así podré superar aquello que no alcanzo a comprender. No existen archivos que documenten este periodo, solo unos pocos testigos discretos cuyo silencio es una prueba de lealtad. Abrirse a un profano constituye prácticamente un pecado. Con todo, a medida que avanza la conversación, se perfilan unos hermanos muy unidos, unos padres cariñosos, víctimas de tribulaciones políticas pero que compensaban sus decepciones jugando al golf, navegando, montando a caballo, cenando con miembros de la realeza italiana, francesa, rumana, búlgara, con quienes podían compartir sus alegrías y penas de exiliados de lujo en Estoril, visitando a sus primos en sus castillos, como la reina de Inglaterra. ¿Se trataba de una vida de mansedumbre y futilidad? Es lo que parecía, pero las incesantes maniobras políticas demostraban lo contrario.

La red de miembros de la realeza es una «organización social» unida, mucho más eficaz y solidaria que Facebook, con sus ritos, sus conmemoraciones, sus celebraciones. ¿Puede que incluso tengan un grupo de WhatsApp? Comparten un saber hacer diplomático, un sentido de la Historia, una experiencia del poder, igual que otros comparten recetas de cocina o anécdotas de viaje. Se enfrentan a dilemas en los que solo ellos comprenden lo que está en juego. Cuando preparaba su abdicación,

Juan Carlos conversó a menudo con la reina Beatriz de los Países Bajos, que había dado el mismo paso en 2013, un año antes que él. Será su cómplice, su consejera para llevar a buen término el traspaso de poder. ¿Qué otra persona podría comprenderlo mejor?

Además de su intensa vida social, me imagino que la política ocupa un lugar central de la existencia de los Borbones en España.

—¿Hablaban a menudo de Franco entre ustedes?

—Franco estaba en nuestra vida como la estatua del Comendador. Comíamos Franco, bebíamos Franco, vivíamos con Franco, hablábamos de Franco —me responde la infanta Pilar.

El dictador que les cerraba hasta el trono era un personaje ineludible. Sabían que estaban bajo la vigilancia del Caudillo en Portugal, donde el embajador de España no era otro que su hermano: «Durante toda nuestra vida estuvimos bajo vigilancia. En público, solo podíamos hablar de flores, de frutas y de pájaros. Incluso por teléfono teníamos un lenguaje codificado para transmitirnos mensajes. Las cuestiones importantes las abordábamos en familia, a puerta cerrada, susurrando». Algo que parecía divertirlos más que consternarlos. Como si apenas les afectara. A pesar del espionaje continuo al que estaban sometidos, Franco tenía todos los poderes excepto el de entristecerlos. ¿Era por orgullo, desdén o desapego? Todavía me pregunto qué les afecta en la intimidad tras esta fachada imperturbable. Ni siquiera parecían preocuparles las dificultades económicas. Pilar me explica: «Tuvimos problemas de dinero a menudo. Pero no importaba si mi madre estaba mejor o peor acomodada, siempre tuvo el don de crearnos un hogar acogedor».

La infanta rememora con emoción la llegada de sus muebles a Estoril, venidos de España, después de cinco mudanzas en tres países distintos. Prosigue: «En Roma, vivíamos sobre una tienda de vinos. Había un actor que luego se hizo muy famoso, Amedeo Nazzari, que ayudaba a mi madre a subir y bajar el cochecito. Después, en Suiza, la propietaria estaba obsesionada con los virus; venía a limpiar los pomos de las puertas con alcohol. Todos le teníamos miedo a madame Ruchonet. Cuando mi madre decía: "¡Dios mío, que llega la propietaria!", permanecíamos inmóviles como los muertos. [...] Al final, nos instalamos en Portugal, ya para quedarnos, aunque mi padre no quería tener ninguna propiedad fuera de España».

Juan Carlos, por su parte, se emociona recordando los ricos platos que cocinaba su madre. Se es hijo antes que rey.

—¿Cuál era su menú preferido?

—Ya no me acuerdo. Comíamos lo que había. En aquella época, no teníamos muchas opciones. Lo único que todavía recuerdo, porque no me gustaba, y sigue sin gustarme, es la piña. En Portugal, la piña era barata, así que había cada día. Cuando llegué a España, descubrí las naranjas y me parecieron deliciosas. ¡Era una maravilla, y sigue siendo una verdadera maravilla, comerse una naranja!

Si me hubiera hablado del caviar le habría puesto menos énfasis. Entre las muchas anécdotas que me contó, esta me conmovió especialmente. Sin duda porque me trae a la memoria un recuerdo personal todavía muy vívido: mis abuelos habían vuelto a casa de la compra con un kiwi, que por entonces era una fruta muy poco común. Estábamos a principios de los años ochenta y pocos comercios importaban frutas exóticas. Lo probamos, con la fascinación de las primeras veces, saboreando los dos bocados que le tocaban a cada uno. Por una vez, el Rey me hablaba de algo que resonaba en mí. Por fin nos encontrábamos... ¡aunque fuera alrededor de una cesta de frutas!

Resulta un poco osado buscar similitudes con un soberano. No iba a empezar ahora a tomarme por una princesa. No obstante, cuando vemos una película, tratamos de identificarnos con el héroe, para creernos la historia y emocionarnos más. Yo permanecí hermética a todo, puesto que en definitiva los problemas reales son incomprensibles para el común de los mortales, a excepción de otro aspecto de su vida que me llegó directo al corazón: su apego a su abuela paterna. También teníamos ese punto en común. Tanto él como yo habíamos disfrutado de ese vínculo sagrado. Me encantaron las palabras que empleó para hablarme de ello: «Fue como una madre para mí. Era mi abuela madre». Al principio de nuestra conversación, me decepcionó que Juan Carlos fuera tan parco. Lo presionaba para que dejara de atrincherarse, para que me revelara siempre más detalles. Estaba a la altura de mi reputación de «destornillador». Me costó un tiempo resignarme a sus frases cortas y definitivas. Y desde entonces adopté para mí misma el término «abuela/madre». «La reina Victoria Eugenia era una mujer con un carácter muy fuerte. Era una gran dama. Me cuidó mucho. Cuando vivía en Suiza, iba todos los domingos a su casa, y ella venía a verme al internado cada jueves. Venía a bañarme porque con el frío que hacía nadie se lavaba mucho. Construimos una relación muy estrecha». Por aquel entonces, la llamaba «Gangan».

Victoria Eugenia de Battenberg fue educada en la corte de Balmoral junto a su abuela, la famosa reina Victoria, soberana de Reino Unido y emperatriz de las Indias. Su encanto y dignidad brillan en cada foto. A medida que discurría el tiempo, las poses protocolarias dieron paso a una actitud sonriente llena de bondad. Lo único que me hubiera llevado del Palacio de la Zarzuela es el retrato que le hizo Philip de László, de una belleza y una gracia muy del siglo XIX. Me encariñé con este personaje a la vez frágil y tenaz, trágico y majestuoso, que afrontó con clase los dramas de palacio y las desdichas de la Historia.

Llegó a España con dieciocho años. Acababa de convertirse públicamente al catolicismo para casarse con el rey Alfonso XIII, que ostentaba el cargo de jefe de Estado desde la edad de dieciséis años. Su padre murió antes de que naciera. Desde el principio, su unión, celebrada el 31 de mayo de 1906, estuvo marcada por la desgracia: cuando salieron de la ceremonia matrimonial para volver al palacio, un anarquista lanzó una bomba contra su carruaje. La pareja salió milagrosamente indemne de un atentado que provocó una decena de muertos entre la Guardia Real. La joven reina apareció en el banquete nupcial con el vestido manchado de sangre.

A pesar de las suntuosas alhajas que le regalaba su promiscuo marido, sus años de reinado fueron amargos. Los españoles no comprendían su modernidad: fumaba, no dudaba en aparecer en traje de baño ni en nadar en público. Y vivía con la culpabilidad de no haber podido dar a la Corona lo que se esperaba de una reina: una prole de herederos sanos. La huida obligada a París, después a Roma, bajo la amenaza republicana, se tornó finalmente en un subterfugio y precipitó la ruptura de la pareja.

La reina caída no podía quedarse en Italia, país que estaba en guerra con su Gran Bretaña natal, y se refugió en territorio neutral, en Lausana, donde se instalaría definitivamente. La venta de una de sus famosas joyas le permitió comprar la villa Vieille Fontaine, cerca del lago Lemán, que se convertiría en el cuartel general de la familia diseminada por Europa. «Tu abuelo era alegre como un latino, deportista como un inglés, orgulloso como un español y tremendamente egoísta, como todos los hombres. No fue el más fácil de los maridos, pero me hizo reina de un gran país». Una de sus confidencias que la infanta Pilar no ha olvidado.

Tras treinta y siete años de ausencia, Victoria Eugenia volvió por primera vez a Madrid para el bautizo de su bisnieto, el actual rey Felipe, de quien es la madrina. El 8 de febrero de 1968, la familia real se reunió en la Zarzuela, excepcionalmente al completo, alrededor del recién nacido y en presencia de Franco. «Yo estaba muy emocionado... pero aquel día había un ambiente agitado —me cuenta Juan Carlos—. ¡Doña Cristina [su hija menor] jugaba con las borlas del cinturón del general Franco!». Estalla en una carcajada. Me habría encantado presenciar esa escena: el dictador implacable y la niñita bribona. Franco, que evitaba a don Juan, rehusaba cualquier entrevista privada con él, pero delante de la reina madre de ochenta años, el Caudillo se emocionó. Frente a la soberbia bisabuela, ya no era el dueño de la situación. Se reunieron a solas en un pequeño salón. Ella, su soberana, su madrina de bodas; él, el ex joven general promovido por Alfonso XIII, el traidor a la causa monárquica que tenía el destino de la Corona en sus manos.

—Majestad, ¿qué sabe usted de aquella entrevista?

—Se lo preguntaba a menudo a la reina. Y ella me respondía: «No, esta conversación es confidencial y morirá conmigo» —me dice imitándola.

Juan Carlos es muy divertido cuando escapa de su actitud reservada: las expresiones, los gestos con los brazos delatan su humor y sus maneras joviales, casi juveniles.

Algunos historiadores, fundándose en testimonios cruzados, han restituido de la siguiente manera lo que dijo Victoria Eugenia: «General, es la última vez que nos vemos. Le quiero pedir algo. Usted que ha hecho tanto por el país, termine su obra. Designe un rey para España. Hágalo mientras esté vivo porque, de otra manera, no habrá rey. Es la última petición que le hace su reina». Franco habría concluido la conversación con esta declaración: «Los deseos de Su Majestad serán cumplidos». Un año más tarde, Victoria Eugenia falleció en Lausana sin la satisfacción de haber visto a su nieto ascender al trono. El Caudillo decretó tres días de luto nacional. Y, tres meses más tarde, designó oficialmente a Juan Carlos su sucesor con título de rey.

Al aceptar, Juan Carlos traicionó a su padre, el heredero legítimo, y asoció la Corona a los valores franquistas. La monarquía, por lo tanto, no fue restaurada, sino que fue instaurada por Franco. ¿Juan Carlos podía permitirse declinarlo?

Veinte años antes, en 1948, don Juan se había reunido en secreto con su enemigo, Franco, sobre el barco Azor, fondeado en el golfo de Vizcaya. Hubo un antes y un después. El dictador de cincuenta y cinco años, firmemente establecido, y el pretendiente al trono, veinte años menor, hablaron cara a cara durante tres horas. El Caudillo desdeñaba al heredero de la Corona, un liberal, un anglófilo, que frecuentaba francmasones y republicanos, de carácter simpático y aspecto atlético. Sin lugar a duda, eran muy distintos, física e ideológicamente. No obstante, llegan a un acuerdo en un solo punto: el príncipe debía ser educado en España. El padre pensaba en la permanencia de la dinastía de los Borbones: era preferible que su hijo se educase como heredero español que como exiliado suizo. El Caudillo, por su parte, contentaba a sus aliados monárquicos y a su protector americano al tomar bajo su protección a un niño: un gesto simbólico y fácil que probaba su apertura y buenas intenciones. Todos salían ganando. Pero el retorno de la monarquía distaba de ser una realidad. Don Juan solo había puesto el pie en la puerta que Franco apenas había entreabierto. Para nuestro héroe, que languidecía en un internado suizo, era un punto de inflexión acerca del cual todavía no sabía nada.

«Hoy empiezan nuestras verdaderas preocupaciones», le confió don Juan a su mujer en el momento en que el pequeño Juanito se subía al tren que lo llevaría a España. A los diez años, descubrió por primera vez el país del que su padre tanto le habló, «su» reino. Un país pobre, asolado por la Guerra Civil y las purgas, aislado del mundo, sometido a la censura y la propaganda. Se creó una escuela en torno a él a las afueras de Madrid. Don Juan seleccionó debidamente a los vástagos de la alta aristocracia española y los profesores. Aquel enclave monárquico se trasladó dos años después a San Sebastián, al decrépito Palacio de Miramar azotado por los vientos, que antaño había sido la elegante residencia estival de Alfonso XIII. El hermano pequeño de nuestro heredero, que también se llamaba Alfonso, lo acompañó. Para tratar de calentarse, los dos miembros de la realeza y una quincena de internos tenían que reunirse alrededor de dos pequeñas estufas. Se acostumbraron a crecer lejos de sus padres, con los que se reunían de nuevo en Estoril durante las vacaciones.

En 1954, con el equivalente del bachillerato en el bolsillo, Juanito inició su formación militar. Para ser rey, hay que poder ser jefe de los Ejércitos. Entre los diecisiete y los veintiún años, aquel a quien ya llamaban Juan Carlos cohabitaba en las casernas con oficiales de todas partes, a menudo hostiles a la Corona, y que acabarían siendo sus aliados. Nuestro príncipe apreciaba aquella existencia anónima y restrictiva. Juan Carlos, soldado diligente, concluyó su carrera impecable en los tres Ejércitos y empezó la universidad. También comenzó a flirtear, como cualquier otro joven de su edad, y tiene un éxito arrollador. «Era guapo, simpático y además bailaba bien. ¿Qué más se podía pedir?», cuenta su hermana, la infanta Pilar. Pero debía elegir a alguien que correspondiera a su estatus de alteza. Un mal matrimonio podía ser fatal para su destino real. Puso la mirada en Sofía, la primogénita del rey de Grecia, de ascendencia alemana, y formada como él para vivir en el regulado mundo de la realeza. Se celebró en Atenas una boda de cuento de hadas, preludio de una larga e idílica luna de miel por todo el mundo.

La joven pareja pudo escoger una vida ociosa entre Grecia y Portugal, y renunciar a toda pretensión al trono de España, pero se instaló en el Palacio de la Zarzuela. Se convirtió en el rehén voluntario de Franco. Nuestro príncipe no tenía posición alguna, ni siquiera una promesa de un cargo oficial. Y sabía que no era el único en la carrera para suceder al Caudillo. Entre sus muchos competidores, su primo, que se casaría con la nieta del dictador, era una espada de Damocles bien afilada sobre su cabeza. En aquel momento, las intenciones de Franco permanecían opacas. Mientras esperaba, el Caudillo incitaba a nuestro héroe a que conociera España y a los españoles. Juan Carlos no dejó sin recorrer ni un rincón del país, a veces mal recibido por una población desconfiada. La propaganda antimonárquica del régimen había hecho estragos. Nuestro aprendiz de rey se resignaba a observar, escuchar y callar. Vivía bajo una estrecha y constante vigilancia, escrutado y puesto a prueba en todo momento. No podía permitirse ni el más mínimo paso en falso. Para protegerse, se enclaustró en un mutismo de conveniencia, que se percibió como una señal de estupidez. Aquella travesía por el desierto, con un resultado más que incierto, es alegrada por tres nacimientos: Elena, Cristina y, por fin, el heredero que tanto se esperaba, Felipe, en 1968.

Siete años de espera, de pequeñas humillaciones y de falsas esperanzas hicieron de nuestro personaje un hombre coriáceo, que no dudó en aceptar la proposición del dictador cuando por fin llegó. Era el año 1969 y Franco gobernaba el país desde hacía más de treinta años. «¿Acepta ser mi sucesor a título de rey?», le preguntó inopinadamente en la víspera de las vacaciones estivales. Juan Carlos solo tenía unos segundos para decidirse. Pensó en el heredero legítimo, que, según las reglas milenarias de la monarquía, debería ser don Juan, que seguía exiliado en Portugal. Al responder positivamente, nuestro príncipe estaba cometiendo un acto de alta traición con respecto a su padre y a la Corona al asociar esta con los valores franquistas. Un alto precio para garantizar algún día el restablecimiento de la monarquía en España. Actuó para servir a la causa monárquica. Cuando don Juan dejó en manos de su adversario a la persona que encarnaba la supervivencia de la dinastía, sin ninguna contrapartida política, en un país donde gritar «¡Viva el rey!» podía merecer la prisión, hizo una apuesta por el futuro cuyo coste era su propio sacrificio. ¿Lo había previsto? Por el momento, nuestro héroe Juan Carlos era más bien un antihéroe, un títere sometido al régimen que aún debía dar prueba de paciencia. El Caudillo, con una salud en declive, permite que se instaurase un clima deletéreo de fin de reinado que se eternizaba y se crispaba. ¿Cuándo renunciaría al poder en favor de Juan Carlos?

La posición del príncipe seguía siendo precaria a pesar de su nominación, sujeta como estaba a la buena voluntad de Franco y a la vigilancia meticulosa del régimen. Y en Portugal, tras la imagen de la familia unida, feliz y satisfecha que Juan Carlos me ha descrito, afloraba la tragedia. Errores todavía difíciles de reconocer. Juan Carlos sigue mostrándose reservado: «Como decimos en España, la procesión va por dentro». Después, se enroca en el silencio. Mi insistencia cede frente a su contención. Acepto que guarde para él sus sufrimientos, sus heridas. Entiendo que no trata de mentirme ni de manipularme, es solo que no puede compartir lo indecible, la carga de su corazón. Incluso los reyes tienen derecho a la intimidad. A fuerza de llevar una vida pública, tienden a preservar lo poco que pueden de la mirada exterior, inquisidora.

IV
¿Puede llorar un rey?

1

Cuando Juan Carlos habla de su familia, se le ilumina la mirada. Con una sonrisa de oreja a oreja, reconoce que su madre lo malcriaba. Esta mujer alta, morena y exuberante, con mirada decidida, encarnaba la feminidad y la solidez. «¡Como cualquier otra madre, estaba maravillada con su hijo! Era una persona íntegra. Me ayudó mucho en la vida», me confía. Su hermana Pilar añade: «Juan Carlos era el niño de sus ojos. Se entendían a la perfección. Mi padre siempre estuvo convencido de que lo consentía demasiado. Pero ¡es que hacía falta que alguien lo mimara un poco!». ¿Cómo sobrevivieron al dolor y la culpabilidad de la muerte del hijo pequeño, Alfonso?

Su muerte sigue siendo una cuestión tabú en España, demasiado dolorosa, demasiado íntima, demasiado escabrosa para abordarla. ¿Cómo dejarlo a un lado? Sin duda Juan Carlos creció marcado por ese duelo.

No es fácil poner a alguien que ha decidido ver únicamente las cosas positivas de la vida frente a los recuerdos de la desesperanza. Decido correr el riesgo de todas maneras, aunque tenga que enfrentarme a su mutismo o se niegue a responder. Creo que soy la primera que osa hacerlo públicamente.

—Ocurrió un acontecimiento funesto durante su juventud...

—Estábamos muy unidos. Nos queríamos con locura. Fue un accidente desdichado. Lo echo mucho de menos. Me gustaría tenerlo a mi lado para poder hablar con él —me confía mirando por encima de su hombro izquierdo, como si esperara verlo.

Se instala un silencio que dejo que se prolongue. Finalmente, Juan Carlos continúa:

—Era muy simpático. Y también muy inteligente. —Después se queda inmóvil, como si afloraran unas imágenes lejanas—: Jugaba al golf divinamente bien. —Su rostro se tensa, tiene la mirada ausente—: En fin... como se suele decir, la vida debe continuar.

¿Qué ocurrió el Jueves Santo del año 1956? En Semana Santa, Juan Carlos dejó la caserna española y su uniforme de cadete para reencontrarse con los suyos en Estoril. La familia asistió, como es costumbre, a la misa de Pascua. Después, don Juan y sus dos hijos, de dieciocho y quince años, fueron a jugar al golf, un pasatiempo banal para la alta sociedad de la época. Al volver, los chicos subieron a la sala de juegos. Poco después, resonó un disparo. Alfonso exhaló su último suspiro. No se conocieron nunca las circunstancias exactas de la muerte. Solo había una certeza: en la víspera, don Juan había confiscado el arma a los chicos. Ellos insistieron tanto a su madre para recuperarla que esta al final acabó por ceder. Ni ellos ni ella sospechaban que pudiera estar cargada.

Al día siguiente de la tragedia, la prensa portuguesa publicó un lacónico comunicado oficial: «Mientras Su Alteza el infante Alfonso limpiaba un revólver con su hermano, el arma se disparó, la bala le alcanzó la frente y le mató en pocos minutos. El accidente se produjo a las 20.30, después de que el infante volviera del servicio religioso del Jueves Santo, en el transcurso del cual había recibido la santa comunión». Don Juan tomó el arma que había matado a su hijo y la tiró al mar. No hubo investigación judicial.

Se fletaron dos trenes de España para las exequias. Pilar, todavía emocionada, me explica: «Mi hermano pequeño Alfonso era un apasionado de los motores de automóviles. Era mecánico de pasión. A menudo, hablaba con los conductores de taxi de Estoril, a veces incluso desmontaba el motor del coche con ellos. El día de su funeral, los taxis llevaron gratuitamente a los españoles de la estación al entierro. Fue algo increíble que logró por sí mismo mi hermano pequeño. Asistió muchísima gente al entierro, pero nosotras, las mujeres, no fuimos al cementerio. En aquella época, las mujeres se quedaban en casa. No había vuelta de hoja, no era discutible, no teníamos derecho a ir. A mí me dio mucha pena, pero no había nada que hacer. Fue un momento muy triste, verdaderamente terrible».

Al acabar las exequias, don Juan le ordenó a su hijo volver a la academia militar en España. Juan Carlos tuvo que afrontar el duelo en soledad. Acababa de desprenderse brutalmente de la inocencia. Su madre viajó a Frankfurt para ingresar en una clínica. Y se impuso el silencio. Supongo que todas las pruebas que debió superar después le parecieron mucho menos duras en comparación con este accidente fatal. ¿Cómo volver a ponerse en pie después de un drama semejante? ¿Con la ayuda de Dios o rebelándose contra el destino? ¿La sombra del difunto uniría todavía más al clan? ¿Acaso el Rey salía furtivamente a recorrer la ciudad de Madrid en moto y de noche para escapar de sus demonios? Son muchas las preguntas que no le haré. Por delicadeza, para respetar su dolor. A mi pesar.

2

Hay una escena familiar que me emociona cada vez que la rememoro. Es la escena de un sacrificio, de un padre por su hijo, una escena casi bíblica. En la que aflora el amor, un amor filial inmenso maltratado por el deber y la lealtad a la Corona. Es la historia de una renuncia. Era el 14 de mayo de 1977, un mes antes de las primeras elecciones legislativas desde hacía más de cuarenta años. Un referéndum ya había ratificado con un 94 por ciento de los votos la reforma democrática llevada a cabo bajo el impulso de Juan Carlos, rey en ejercicio desde hacía dieciocho meses. Gracias a la legitimidad popular irrefutable, Juan Carlos ya no representaba una herejía instaurada por Franco. Había logrado lo que su padre no habría podido conseguir: establecer un punto de unión entre los franquistas —gracias a su estatus de sucesor oficial del Caudillo—, el Ejército del que provenía, la oposición de izquierda a la que tenía en cuenta y una joven clase media con la que compartía aspiraciones. Don Juan, por su parte, carecía de apoyo político sólido, y resulta menor en el seno de aquella nueva sociedad española que desconocía; los cuarenta y cinco años de exilio lo habían alejado de la realidad social y política del país. Su España ya no existía más que en los libros. Por ello decidió renunciar públicamente a sus derechos dinásticos en favor de su hijo. No habría dos reyes optando a un mismo trono. Un gesto para la Historia, enfatizando la dimensión transcendental de la monarquía.

Don Juan, imponente y serio, se mantenía firme al lado de su mujer, vestida por completo de color amarillo canario. Había que ser atrevida para aparecer ataviada con un traje amarillo, pero los años setenta favorecían libertades insospechadas, incluso indumentarias. Con todo, doña María de las Mercedes no había olvidado ponerse el collar de perlas. Unir modernidad y tradición: ¿era esa la clave de una nueva monarquía en construcción? Estaban rodeados de sus tres hijos y de un montón de nietos. En el gran salón del Palacio de la Zarzuela reinaba un ambiente formal y expresiones desganadas.

Don Juan tomó la palabra frente a un público restringido, compuesto por militares y cabezas con el cabello blanco. Con una voz ronca de fumador, leyó el discurso con rapidez, como si quisiera desentenderse cuanto antes de aquella formalidad: «Creo llegado el momento de entregarle [a mi hijo] el legado histórico que heredé y, en consecuencia, ofrezco a mi patria la renuncia de los derechos históricos de la monarquía española, sus títulos, privilegios [...] que recibí de mi padre, el rey Alfonso XIII [...]. En virtud de esta mi renuncia, sucede en la plenitud de los derechos dinásticos como Rey de España a mi padre el rey Alfonso XIII, mi hijo y heredero el rey don Juan Carlos I».

Después, don Juan se gira hacia Juan Carlos, en posición firme y, mirándolo fijamente, exclamó con energía y autoridad: «¡Majestad, por España, todo por España, viva España, viva el Rey!». Juan Carlos, emocionado, hizo un amago de avanzar hacia su padre, pero este le dirigió una señal formal con la cabeza, una reverencia a la que Juan Carlos debió responder. Solo después de unos minutos de aplausos el hijo pudo por fin estrechar a su padre, un abrazo lleno de gratitud. Entre los miembros de la realeza, la reverencia es más común que los abrazos, los gestos de deferencia que los sentimientos, la contención que la exhibición. Todo ello fruto de una educación y de una transmisión centenarias.

De tanto verlos contener sus emociones, yo no puedo controlar las mías. Este drama familiar, que no suscitó más que silencio en la prensa de la época, estalla ante mi mirada empática. Juan Carlos fue rey en lugar de su padre gracias al enemigo de su padre. Ni Shakespeare habría ido tan lejos. Pero ¿no fue acaso el propio don Juan quien lo colocó en esta situación al enviarlo a estudiar a España cuando tenía diez años bajo la tutela de Franco? ¿Cómo podía Juan Carlos enmendar esta usurpación? ¿Y si, después de todo, el regalo fuera demasiado pesado para el beneficiario?

El Rey y yo miramos las imágenes de esta escena en silencio. Cada vez que lo hago, me emociono. Me vuelvo hacia Juan Carlos para hacerle una pregunta. Está visiblemente turbado. Parece que el hijo se ha sobrepuesto al monarca. Ha puesto los codos sobre la mesa y se ha quedado absorto. Me siento incómoda, siento que sobro. Al fin me dice, con un tono cargado de arrepentimiento: «Fue un día muy emotivo. Lamento no haberle dado más énfasis. Si lo hiciera de nuevo, le concedería más importancia. [...] Mi padre se sacrificó por España. Si estoy aquí, es en gran parte gracias a él. Me dijo: "Ahora es tu turno y tú continúas". Como se dice en Francia, *chapeau* [y hace el gesto de quitarse el sombrero]. Es muy importante ser su heredero. Siempre he sentido mucha admiración y respeto por él. Después de esta ceremonia, aún más».

He aquí el tipo de hombres que conforma la casta de los reyes, esclavos voluntarios, dispuestos a hacer cualquier sacrificio por la monarquía. Con sesenta y cuatro años, digno y firme, don Juan volvería discretamente a Estoril para no molestar a su hijo pródigo. Juan Carlos, por su parte, abdicaría en 2014 para dejar lugar a una «generación más joven, con nuevas energías, decidida a emprender con determinación las transformaciones y reformas que la coyuntura actual está demandando y a afrontar [...] los desafíos del mañana». Toda abnegación es buena para salvar el trono.

Estoy más acostumbrada a las luchas de egos que a la majestuosidad del paso a un lado. Apenas conozco ejemplos en mi entorno personal que acepten voluntariamente vivir en la sombra para que su descendencia acapare el foco. La generación del Mayo del 68 es más bien de la que se aferra a su posición de mandarina y de maestra que no cesa de tener razón desde hace cincuenta años. ¿Será por esta razón que la escena me conmueve tanto? Pero me olvido de las razones por las que Juan Carlos debió renunciar a la Corona: ejemplar en su vida pública y deficiente en su vida privada. Las dos caras de la moneda del Rey, inaceptable. Hay que ser rey todas las horas del día, puro, irreprochable. ¿Y si todos fuéramos complejos y débiles detrás de la cara amable que dejamos ver? Nadie sale indemne. Esto no justifica nada, evidentemente, pero ¿cómo desafiar al totalitarismo de la inocencia? «La verdad de un hombre está en lo que oculta: un miserable puñado de secretos», recuerda Malraux.

Cuando Juan Carlos evoca a su padre, todavía me perturba más. No sabía que podían existir vínculos semejantes fuera de las películas. Ni siquiera me imaginaba que fuera posible. Personalmente, nunca me ha ocurrido. Nunca he llegado a idealizar a mis padres, a pesar de que existen razones para ello: eran los héroes de la revolución, el tenebroso intelectual y la seductora flor del Caribe, tan inteligentes como bellos y valientes. Podría haber creído en su historia, en sus combates. Debería haber creído. No obstante, me mantuve hermética, solo vi sus fallas y debilidades, hasta el punto de tenerles miedo. Contrariamente a sus amigos que hacían de su vida una escena de teatro, mis padres no disfrazaron nada en mi presencia. Quizá de ahí venga mi interés por la complejidad y las sombras. Cuando Juan Carlos me confía: «Mi padre fue mi mejor consejero, el mejor amigo, el más fiel aliado... Había una *entente* —dice en francés—. Nos comprendíamos con la mirada. [...] Era un gran hombre, y tuve la suerte de tenerlo como padre». No me lo podía creer. Habla de quien le había confiado a su enemigo, de quien lo trató como un peón en el tablero del poder, de quien había antepuesto los imperativos de la Corona a sus necesidades infantiles.

Me pregunto si don Juan pudo ejercer una paternidad plena a pesar de la distancia. Si no era precisamente esta distancia la causa de la idealización. O el fruto de un conflicto entre dos figuras paternales, el demócrata exiliado y el dictador de España.

—¿No se sintió dividido entre su padre y Franco?

—Yo era como una pelota de ping-pong. Si las cosas iban bien entre ellos, estudiaba en España. Si iban mal, volvía a Portugal. Mi vida fue así hasta que entré en la academia militar, algo que decidieron conjuntamente mi padre y Franco. No me sentía dividido porque sabía cómo debía actuar o comportarme en Madrid. Por un lado, estaba mi padre; por el otro, Franco. En España no podía mezclarlos

—¿No era una situación incómoda?

—Te acostumbras. Tenía que ser así, ¡y así era! No había otra opción. [...].

—¿Fue Franco su mentor?

—No, en absoluto.

—Entonces ¿lo fue su padre?

—Sí, a pesar de la distancia. Estaba lejos físicamente, pero, moralmente, estaba a mi lado. Siempre lo he sentido junto a mí.

—Pero ¿usted se sentía cercano a Franco? ¿Tenían cierta complicidad?

—Era una persona que hablaba poco. Conmigo hablaba más, incluso se reía, pero, con los demás, era más bien hermético. Había cierta confianza entre nosotros, pero creo que me estaba examinando todo el rato. Trataba de conocer mi mentalidad, mis pensamientos. Yo intentaba ser yo mismo, ser natural con él.

—¿Qué le enseñó su padre?

—Fue quien me inculcó desde la infancia los valores de la democracia. ¡Los llevo en los genes!

Juan Carlos bebió de la democracia a la vez que del biberón. ¿Es esta la causa de su motivación para democratizar el país? ¿Cómo es posible que Franco no le convenciera para proseguir con la opción dictatorial? El padre biológico se impuso al padre adoptivo. ¿O fue que lo innato prevaleció sobre lo adquirido?

Don Juan murió el 1 de abril de 1993 de un cáncer de pulmón. Juan Carlos organizó unas exequias de rey en El Escorial. Como ya ha señalado la infanta Pilar, hacía un frío terrible aquella mañana en la imponente y austera residencia erigida por Felipe II en el siglo XVI y que albergaba la sepultura real. Cuando De Gaulle, desde la ventana de uno de los salones, descubrió este paisaje, una vista ilimitada que se extendía hasta Madrid, le confió a su edecán: «Me pregunto por qué los españoles partieron hacia América. Al ver todo esto, se comprenden muchas cosas...». Ese fue el último viaje de De Gaulle. Había abandonado el poder a finales de abril de 1969. Había partido con su mujer, Yvonne, hacia Irlanda para tomar aire, y luego fue a recorrer España, durante una semana de junio de 1970, para «conocer por fin el imperio de Carlos V». Murió en noviembre en Colombey-les-Deux-Églises.

El funeral de don Juan fue de una solemnidad admirable. Hay grandeza en la sobriedad. Frente a una plétora de jefes de Estado y de miembros de la realeza, ante las cámaras del mundo entero, Juan Carlos no pudo contener las lágrimas. España vio, estupefacta, a su rey llorar. Ese rey, siempre tan alegre y enérgico, desveló su otro rostro, el del sufrimiento y desarraigo. El lado trágico de su historia que hasta entonces había permanecido oculto, escondido. Los monarcas no tienen derecho a mostrar emociones, y todavía menos en público. Sin embargo, aquel 1 de abril de 1993, las barreras cayeron y Juan Carlos se sumió en la tristeza. En ese momento, el país tomó conciencia del drama familiar que había permitido la democratización de la nación. Un sacrificio personal por el bien común.

A partir de entonces, el Rey dirigiría el país desprovisto de una figura tutelar. ¿Es el principio del fin, el inicio de los extravíos, de los deslices? Una vez desaparecido su ángel guardián, enterrado su ascendiente, cumplida su misión histórica, la despreocupación y la frivolidad podían imponerse. Ya no había superego que refrenara sus inclinaciones ocultas e insaciables. Nadie lo previó, nadie lo sospechó.

3

Los jefes de Estado tienen la piel curtida. El poder suscita un cierto desapego, por lasitud, por protección. Puesto que solo se trata de gestionar problemas y de encajar malas noticias, el cargo los vuelve insensibles. Es una cuestión de supervivencia. Imaginaba que Juan Carlos tendría el mismo temple. A fuerza de encadenar audiencias y viajes oficiales, de ver desfilar los Gobiernos sin tener una influencia directa sobre ellos, sin duda el Rey debía de ser flemático respecto a sus obligaciones, y tal vez incluso respecto a la actualidad de su país. Tras treinta y nueve años de reinado, tenía derecho a estar hastiado. Entonces, al acabar la jornada, cuando la noche ha invadido los bellos jardines de la Zarzuela e incluso hemos olvidado la presencia de las cámaras, en este ambiente confinado en su despacho, tapizado con madera oscura, le pregunto:

—Majestad, ¿cuáles han sido los peores momentos de su reinado?

Espero que me hable de estos dos últimos años de oprobio que ha pasado entre operaciones quirúrgicas y el repudio de su reino, en la soledad del declive. Es la hora de las confidencias. Quiero que ponga palabras a sus desgracias. Me responde sin dudar:

—He tenido muchos momentos difíciles, pero, para serte sincero, he tenido ochocientos momentos dolorosos. Son las ochocientas víctimas del terrorismo que hemos sufrido. Y me muestro solidario con ellas.

Y, entonces, le asalta la emoción. Se le llenan los ojos de lágrimas, de tristeza y de resignación. Me siento desamparada. Nunca he visto a hombres llorar, excepto en los entierros o en el cine. Bajo la mirada, creo que no estoy preparada para ver desmoronarse a un rey, para ver a mi héroe resquebrajar su armadura. No sé qué hacer, no tengo pañuelo, no conozco las fórmulas de empatía. Pasan unos largos minutos, interminables. Mi protagonista es en realidad una persona sensible y herida. No estaba preparada para esto. Al final, frente al terrorismo, no hay más que rabia y desesperación. Su impotencia para combatirlo es su cruz.

Cuando llegué a España, el miedo a ETA era real. Se temía que los independentistas vascos arruinaran la fiesta y cometieran atentados en la inauguración de la Exposición Universal o en los Juegos Olímpicos de 1992. Los españoles vivieron con esta amenaza permanente hasta que la banda anunció el cese de su actividad armada en 2011. Durante el franquismo, estos terroristas eran considerados valientes opositores. Habían logrado, en 1973, hacer volar por los aires el coche del jefe del Gobierno, Carrero Blanco. Un atentado espectacular que hizo tambalear el régimen. Franco quedó tan abatido que no pudo presidir el cortejo fúnebre. Fue Juan Carlos quien lo hizo. Lo vimos, derecho, la cabeza alta, una expresión hermética, en uniforme militar, detrás del ataúd de Carrero Blanco, recorriendo Madrid en silencio. No llevaba chaleco antibalas.

—¿Por qué exponerse así? Usted era un blanco ideal y fácil.

—Debíamos mostrar a los españoles que no teníamos miedo. Debíamos mostrarles que, frente al terrorismo, había que ser firmes.

—ETA organizó numerosos atentados contra usted y su familia, todos desarticulados, en ocasiones en el último minuto. ¿Nunca ha temido por su seguridad personal?

—Como decía mi abuelo, eso va incluido en el sueldo.

Incluso después de la muerte de Franco, los atentados se multiplicaron, hasta el extremo de poner en peligro el proceso democrático. Los asesinatos, secuestros y extorsiones marcaron la actualidad. A menudo, los objetivos eran militares o cargos electos. Algunos esperaron en vano que la violencia cesara con la democracia. Francia sirvió como refugio y escondite de los terroristas. Fue muy difícil convencer al Ejecutivo francés de que colaborara con la policía española. Valéry Giscard d'Estaing hizo promesas vacías. Finalmente, el Gobierno socialista de Felipe González lo logró con Mitterrand.

Juan Carlos y yo hablamos de los años ochenta, que yo viví a ambos lados de los Pirineos, de su emoción cuando firmó en 1986 el tratado de adhesión a la Comunidad Europea, fruto de su obstinación y apoteosis de la normalización de España. No le gusta explayarse acerca de los dignatarios con los que se ha cruzado, por discreción, para evitar escándalos innecesarios. Lo que piensa de unos y otros solo le incumbe a él. Excepto Nelson Mandela, de quien habla de forma espontánea en nombre de una sólida amistad de veinte años. Insisto sobre quien me interesa particularmente, Mitterrand, que me robó a mis padres al otorgarles cargos oficiales:

—Algunos aseguran que era muy monárquico en su forma de ser.

—Sí, es verdad...

—¿Un poco como usted, entonces?

—¡Sí, también dicen que yo lo soy!

Y suelta una carcajada. Tiene una risa de niño, contagiosa. Juan Carlos no es un hombre serio. Es famoso por sus bromas y, en cada pausa, me regala historias divertidas o anécdotas jocosas, como un compañero de clase que trata de divertirte en la hora del recreo. No recuerdo sus chascarrillos, pocas veces lo consigo. Me los pueden contar una y otra vez, siempre seré un buen público. Con todo, delante del Rey, resisto, siempre trato de presionarlo. «¿No cree usted que la monarquía es un régimen anacrónico?», le pregunto con un tono un poco perentorio, justo antes de sentarnos a la mesa. Ha invitado a todo el equipo de rodaje a compartir unas tapas y un buen vino. Servilletas de papel, jamón serrano y queso manchego sobre platos toscos, como en cualquier bar típicamente español. Comemos con las manos, brindamos. Comenta el vino como buen conocedor, y degusta todo con parsimonia porque cuida su línea. El ambiente es cálido y distendido. Sin embargo, me siento incómoda con esta falsa proximidad. Como cuando me veo saludando con un beso a su hijo, el futuro Felipe VI. A fuerza de frecuentar a Juan Carlos, se desmoronan las barreras del protocolo. Me ha concedido esta intimidad provisional como si fuera un regalo. No obstante, somos súbditos y él sigue siendo el Rey. Aunque haga todo lo que está en sus manos para anular esta frontera, la jerarquía persiste, el juego está amañado.

En el despacho de Juan Carlos, un cuadro de Dalí que recubre toda la pared recibe al visitante. No me gusta demasiado este pintor, a mi parecer más estrambótico que interesante, más comercial que profundo, pero el Rey está muy orgulloso de la pintura. Miro la tela dubitativa. Me indica que fue un regalo de su amigo Juan Antonio Samaranch, presidente del Comité Olímpico y gracias a quien Barcelona acogió los Juegos de Verano de 1992. Sin duda, me digo, los poderosos se ofrecen buenas dádivas, lástima que no sea un Velázquez o un Picasso... ¿Dalí no era franquista? ¿Igual que Samaranch, por cierto? Me pregunto si Dalí no fue ennoblecido por el Rey, lo cual añadiría un punto cómico a sus falsas excentricidades.

Juan Carlos precisa enseguida: «Pero el lienzo no es mío, pertenece a Patrimonio Nacional». El subtexto: no poseo nada propio, todo esto pertenece al Estado, incluidos los regalos que me hacen a título personal. Me sorprende esta precisión tan inesperada, como si el Rey estuviera a la defensiva. Parece como si quisiera pedir disculpas por beneficiarse de objetos preciosos, por recibir regalos cuyo valor resulta excesivo para el común de los mortales. Los palacios y las colecciones de arte de sus ancestros fueron en su mayor parte nacionalizados, y él nunca reclamó la propiedad, apenas su usufructo. Mientras que los republicanos que sufrieron el expolio del régimen franquista pudieron recuperar sus bienes con la democracia, él, por desinterés, por exceso de confianza o por vergüenza, no intentó reconstituir oficialmente un patrimonio privado. Al contrario que sus homólogos europeos, no posee oficialmente ninguna propiedad, ninguna residencia de vacaciones. Puso de moda Palma de Mallorca —puesto que pasó allí los veranos e invitó a los jefes de Estado más importantes— y el deporte náutico, pero el Palacio de Marivent y el yate real pertenecen al Estado. Dio a los españoles la imagen de un rey con un estilo de vida modesto, siendo uno de los monarcas más pobres del mundo, beneficiándose de un presupuesto anual para el funcionamiento de la Casa Real de ocho millones de euros, mientras que el del Elíseo o el de la Corona británica son, respectivamente, de cien y de cincuenta millones. Su discurso oscilaba entre un complejo de inferioridad y la reivindicación de una austeridad moderna. Al tiempo que era el mejor embajador de las empresas españolas en el mundo, un representante comercial de lujo e infatigable. Quien abría las puertas y conseguía contratos a paladas en nombre del resplandor del reino de España. Ahora que los escándalos financieros reales están en los periódicos, atisbo que pretendía no despertar sospechas ni maledicencias. Pura especulación por mi parte...

Los cien millones de dólares depositados en 2008 en la cuenta de un banco suizo son un regalo del difunto rey de Arabia Saudita. ¿Generosidad desinteresada o calculada? El rey Hussein de Jordania también le regaló una villa en 1989 en la isla de Lanzarote, la Mareta. Un pequeño palacio que el soberano hachemí hizo construir en un entorno salvaje de Canarias donde, finalmente, nunca pondría un pie. Juan Carlos podría habérselo quedado para su uso exclusivo, pero prefirió donarlo a Patrimonio Nacional. En aquel momento ningún español se ofendió por el regalo. De hecho, hoy en día los jefes de Gobierno van a pasar las vacaciones de verano allí sin ningún remordimiento.

Las gratificaciones entre casas reales son una costumbre que existe desde que las monarquías reinan. Y ciertas familias sauditas son conocidas por no tener la misma relación con el dinero que los occidentales... En el Golfo, la riqueza brota a medida que los pozos de petróleo escupen el oro negro. Un botín a disposición de familias reales todopoderosas, con gustos extravagantes y costumbres exuberantes, que compran palacios como nosotros compramos cartones de leche. Y que resultan ser tan pródigas con sus amigos como implacables con sus enemigos.

Juan Carlos continúa la conversación sobre el arte contemporáneo, que aprecia como un verdadero experto. En su jardín abundan las esculturas abstractas. Mi cultura artística se termina en Marcel Duchamp, no he logrado ir más allá. Se enorgullece de que Antonio López dedicara veinte años a finalizar el retrato de la familia real. Reconozco humildemente haber oído hablar de él, avergonzada de no estar a la altura de la conversación. Y todavía más de haberme quedado perpleja ante su Dalí. ¿Qué podría simbolizar a sus ojos? He encontrado una cita del artista que tal vez explique semejante apego: «Siempre he pintado para el pueblo español, para el cielo del Empordà [región catalana en la que vivió], y para el príncipe Juan Carlos y la princesa doña Sofía». Aunque siento una cierta decepción, no ceso de cuestionar los gustos de Juan Carlos, que corresponden a esta élite que respalda arbitrariamente la fama de un artista como si fuera una cotización en Bolsa, y que por vanidad crea su fundación. No obstante, ¿no fueron los ancestros de Juan Carlos los que dieron ejemplo? ¿No fueron los primeros mecenas del arte? Por lo tanto, el Rey es el digno heredero de una tradición real. Me tranquilizo. En cada conversación con Juan Carlos, se apodera de mí una vocecilla interior, como si fuéramos tres dialogando.

V
La aventura es la aventura

1

Podría tratarse de una película de espías, del estilo *Misión Imposible*, salvo que el director es Juan Carlos, por aquel entonces príncipe de España y sucesor de Franco; el objetivo es el dirigente comunista Santiago Carrillo, exiliado en París, y el intermediario, el descendiente directo de Cristóbal Colón, Manuel Prado y Colón de Carvajal. No sale Tom Cruise, ni hay persecuciones automovilísticas, pero hay mucho riesgo, secretos y miedo. Desde pequeña he vivido entre historias de misiones, de espionaje o sabotaje, clandestinas, delicadas, complicadas, que tenían lugar en América Latina. Y eran el tema de conversación de mis padres. Asaltar una embajada para rebelarse contra una dictadura, ayudar a salir a camaradas en lucha, raptar al nazi Klaus Barbie en Bolivia para llevarlo frente a los tribunales franceses... Era casi tan emocionante como una serie de Netflix. Desde entonces, tengo debilidad por las películas de acción, por las narrativas políticas alambicadas, por las antecámaras sombrías del poder. Cuando comprendí que Juan Carlos no era un príncipe que esperaba su hora encerrado en su palacio, se convirtió en alguien más simpático, familiar. Incluso me atreví a pensar que formábamos parte de la misma familia, la de los aventureros. Yo, por herencia; él, por convicción política. Son el tipo de familias que se ponen en peligro para honrar sus principios, no tienen miedo, no conocen la cobardía y salir del runrún de la banalidad las hace vibrar. Para mí eso es la verdadera aristocracia, aquella a la que le importan un bledo los títulos nobiliarios y los castillos, cuyo compromiso es un modo de vida, y el riesgo, una oportunidad. Es un tanto caballeresco. Un mosquetero con menos fanfarronería, con más sangre fría y con ideales por bandolera.

Era noviembre de 1975, una decena de días antes de la muerte de Franco. Estaba hospitalizado en estado grave. Su familia se empeñaba en mantenerlo con vida. «Su Excelencia el jefe del Estado ha soportado muy bien su tercera autopsia esta mañana», se bromeaba en las calles de Madrid. Juan Carlos había sido nombrado jefe de Estado interino, pero el régimen seguía sujetando firmemente las riendas del poder. El inminente punto de inflexión inquietaba al joven príncipe de treinta y siete años, sin ninguna experiencia política real. Deseaba medir las relaciones de fuerza entre los partidos políticos, todos clandestinos, cuyo verdadero peso ignoraba. Desde la Guerra Civil, Franco había convertido al Partido Comunista en la encarnación del diablo. Juan Carlos sabía que sus redes de infiltración en el seno de la sociedad española, a pesar de las persecuciones y la censura, eran temibles. ¿Permitirían los comunistas que reinara? ¿O tratarían de derrocarlo?

Nuestro aprendiz establecería contactos con el Partido Socialista gracias a un amigo de infancia, Jaime Carvajal, con quien había compartido penas y alegrías en el internado. Todos los invitados que llegaban al Palacio de la Zarzuela se registraban, y la lista aterrizaba directamente en el despacho de Franco. Los dos compañeros urdieron una estratagema que me explicó Jaime Carvajal: «Yo tenía la costumbre de ir en moto. Los guardas de la Zarzuela me conocían bien, iba a menudo a ver al príncipe. Un día llevé al palacio a Luis Solana, de paquete, camuflado con un casco. Afortunadamente, los guardas me dejaron entrar sin preguntarme por la identidad de mi acompañante». Este no era otro que el dirigente de la Agrupación Socialista Universitaria de Madrid, a quien el régimen ya había encarcelado en dos ocasiones. Fue así como el sucesor de Franco pudo establecer una relación directa con un dirigente clandestino. ¿Cómo lo haría para comunicarse con el Partido Comunista? El tiempo apremiaba. La muerte del Caudillo podía ocurrir en cualquier momento.

Durante la suntuosa celebración del milenario del Imperio persa organizado por el sah de Irán en 1971, nuestro héroe forjó relaciones útiles. Juan Carlos se encontró con Nicolae Ceauşescu, quien se jactaba de tener una relación estrecha con Santiago Carrillo, el líder comunista exiliado en París, que tenía la costumbre de pasar los veranos en Rumanía. Por aquel entonces, a Ceauşescu se lo consideraba un moderado y las democracias occidentales lo apreciaban. No obstante, como era lógico, España no podía mantener relaciones diplomáticas con el bloque del Este. A principios de noviembre de 1975, Juan Carlos se dirigió a un amigo íntimo, un hombre de su confianza con un patronímico irreprochable: Manuel Prado y Colón de Carvajal. Ya había logrado transmitir con éxito mensajes confidenciales al Gobierno estadounidense al margen de los canales diplomáticos oficiales. Este hijo de embajador, que había estudiado en Londres, París y Madrid, estaba dispuesto a todo por la Corona y por Juan Carlos, a quien le repetía: «¡Los monárquicos de España caben todos en un taxi!». Su brazo izquierdo amputado por un accidente de coche y su bonhomía hacían de él un hombre fuera de toda sospecha... Hasta que a principios de la década del 2000 fue encarcelado por sombríos asuntos financieros, lo cual salpicó la imagen del Rey. Pero en aquel momento no tenía ningún problema en ser el agente secreto de Juan Carlos, así que tomó de inmediato un vuelo hacia París, donde, gracias a la mediación del hermano del famoso torero Luis Miguel Dominguín, el mismo que acaparó el corazón de Ava Gardner, se entrevistó discretamente con el embajador de Rumanía en Francia. No había ninguna carta de acreditación de Juan Carlos. El más mínimo paso en falso o la menor prueba escrita podían provocar un escándalo irremediable.

El embajador le permitió desembarcar en Bucarest sin dejar el menor rastro de su viaje. Entonces, lo retuvieron durante tres días en el entresuelo de una residencia vigilada, donde le ponían películas en bucle sobre la gloria del *Conducător*. «Hubo momentos en los que creí que no volvería a ver mi patria o mi familia», confesó más tarde al Rey. Finalmente, el emisario se reunió con Ceaușescu.

Juan Carlos me explica: «Necesitábamos que el presidente rumano le dijera a Carrillo que el futuro Rey de España quería legalizar el Partido Comunista, pero que aún tenía que decidir el momento y la manera. [...] Yo sabía que no podía crear una democracia sin la legalización de todos los partidos políticos, entre ellos, el Partido Comunista. Sin embargo, era imprescindible que los comunistas no movieran un dedo, porque, si no, el Ejército se enfrentaría a ellos sin miramientos». Por aquel entonces, la obsesión de Juan Carlos era evitar otra guerra civil, neutralizar un posible conflicto.

La *Securitate* rumana descubrió que el enviado especial del Rey había grabado la conversación con Ceaușescu sin su consentimiento, lo cual provocó que lo dejasen incomunicado de nuevo durante dos días, antes de enviarlo a Ginebra en un vuelo regular. Unas semanas más tarde, un ministro rumano desembarcó en Madrid para entrevistarse con Juan Carlos. «Nadie en el Gobierno español estaba al corriente de su llegada. Cuando nos vimos, le pregunté cómo lo había hecho para entrar tan discretamente en España. Me respondió: "Tenemos los contactos necesarios". Traía la respuesta de Carrillo: "Habrá que determinar un plazo, que no sea demasiado largo, para que la promesa de legalización sea efectiva. Mientras tanto, el Partido Comunista no se rebelará contra el Rey"». Juan Carlos se sintió aliviado por aquel pacto entre caballeros, entre dos personas que no se conocían, y además eran polos opuestos... Valía la pena correr el riesgo. A espaldas del régimen, Juan Carlos actuaba encubierto colocando los primeros jalones de su política.

2

«Cuando se sepa que en esa época yo ya pensaba en legalizar el Partido Comunista, algunos creerán que los traicioné», admite el Rey, pensativo, con los ojos clavados en la mesa de su despacho.

Me viene a la mente una escena de *La guerra ha terminado.*[*] El majestuoso Yves Montand, que interpretaba a un militante comunista, se enfurecía. Era soberbio, profundo, atormentado. Soltaba:

> La desdichada España, la España heroica, la España del corazón; estoy hasta las narices. España se ha convertido en la buena consciencia lírica de toda la izquierda: un mito para viejos combatientes. Mientras tanto, catorce millones de turistas pasarán sus vacaciones en España. España no es más que un sueño de turistas o la leyenda de la Guerra Civil. [...] Y de la leyenda de la Guerra Civil también, ¡ya basta! Yo no estuve en Verdún, ni tampoco en Teruel, ni en el frente del Ebro. Y quienes manejan los asuntos en España, asuntos verdaderamente importantes, tampoco han estado. Tienen veinte años y no los mueve nuestro pasado, sino su futuro. España ya no es el sueño del 36, sino la verdad del 65, aunque sea desconcertante. ¡Han pasado treinta años y los viejos combatientes me tienen harto!

* Película dirigida por Alain Resnais en 1966. Guion de Jorge Semprún.

Montand, magnífico, dice en voz alta lo que Juan Carlos se atreverá a pensar, diez años después, en voz baja. Son frases escritas por el visionario Jorge Semprún, que anticipó la labor inmensa del futuro Rey para reconciliar a los españoles bajo los auspicios de una monarquía procedente del franquismo. La mayoría había crecido con la dictadura y todas las familias estaban desgarradas por la Guerra Civil. No obstante, como me cuenta con malicia mi amigo, mi «padrino» español, el diputado Alfonso Guerra, vicepresidente socialista, del Gobierno: «La presión del cambio provenía de la sociedad, que estaba harta de vivir en un ambiente cerrado, enclaustrado. Algunos habían conocido otra cosa: los emigrados que habían tenido que huir del país, al volver, lo comparaban. Y los turistas también. Lo digo como una broma: la democracia española le debe mucho a las turistas que iban a la playa en biquini. Al final de la dictadura, las españolas se bañaban vestidas. Y las extranjeras iban en biquini. ¡Rápidamente comprendimos que había otro mundo y que era mucho mejor! Así fue como empezó la operación "Transición democrática"».

Es aquella España franquista y gris, retrógrada y cerrada, la que se me escapa. Aquella en la que creció Juan Carlos, en la que se formó. Yo nací cuando empezaba el proceso democrático. No conocí más que la España de la Movida, extravertida, abierta y dinámica, cuyo descaro se encuentra en las películas de Almodóvar. En pocos años, el país cambió radicalmente de cara. «No lo reconocería ni su propia madre», se decía orgullosamente en Sevilla cuando vivía allí. Mario Vargas Llosa, «el Rolling Stone de la literatura», como lo calificaba su hijo, me describe aquella España franquista que conoció en 1958 cuando salió de su Perú natal para hacer un doctorado en la universidad de Madrid: «En Lima, estábamos más al corriente de lo que ocurría en Francia que en España. Debido a la censura, que era terrible, se ignoraba lo que pasaba más allá de las fronteras españolas. En la pensión en la que residía, sintonizábamos en secreto Radio París para tener noticias. En la universidad, mis compañeros de doctorado no sabían quiénes eran Sartre ni Camus. Algunos grupúsculos se las arreglaban para traer libros de manera clandestina, pero era una red pequeña y muy confidencial. Recuerdo ver en una calle principal de Madrid a una mujer reprender agresivamente a una jovencita: "¡Qué obscenidad! ¡Una chica con pantalones!", gritaba. En la universidad, algunos colegas dejaron de saludarme cuando supieron que no estaba casado por la Iglesia, sino únicamente por lo civil. Ya no me dirigían la palabra. Esto era la España de Franco». Mientras tanto, Europa disfrutaba del rock, la minifalda y los treinta años gloriosos.

España nunca ha seguido el mismo camino que los demás. Es una tierra irascible y coriácea. Ya en tiempos de Solimán el Magnífico este fue incapaz de invadirla. Tres siglos más tarde, también se resistió a Napoleón, una tropa de campesinos andrajosos desconcertó al Ejército más poderoso de Europa gracias a unas tácticas de hostigamiento, que más tarde se llamaron «guerrilla». Su destino siempre fue una excepción: fue la primera potencia globalizadora con el descubrimiento de América; después, durante un largo periodo, fue el imperio más vasto y rico del mundo, el de Carlos V (Castilla, Aragón, Portugal, Sicilia, Milán, Nápoles, Flandes, Luxemburgo y las Indias), «el imperio donde nunca se pone el sol». Siempre distinta, España incluso se mantuvo al margen de las dos guerras mundiales. Franco no logró entenderse con Hitler, quien, después de un encuentro cara a cara, dijo que prefería que le arrancasen las muelas a repetirlo. El franquismo no hizo más que exacerbar esta epopeya solitaria.

He nombrado a dos figuras imprescindibles de mi panteón personal. Pertenecen a esa famosa aristocracia del compromiso y la responsabilidad. Lo cual me permite tranquilizar a algunos: Juan Carlos no reina solo ni es el único protagonista de mi reino de héroes. Comparte el estrellato con otros, sobre todo Alfonso Guerra y Mario Vargas Llosa. El primero fue fundamental en mis lazos afectivos con España. Un país debe encarnarse, no solo en olores y colores, monumentos y museos, sino también en amigos, en figuras de afecto.

Cuando conocí a Alfonso, en 1989, era vicepresidente del Gobierno socialista, el segundo de Felipe González, en el poder desde 1982. Por primera vez, un rey cohabitaba con la izquierda. Mis padres habían simpatizado con aquel joven militante socialista clandestino en una movilización contra la dictadura de Pinochet en París. Se reencontraron veinte años más tarde, aureolados con títulos y cargos oficiales, pero con aquella complicidad y energía intactas. Me tomó bajo su ala cuando era una adolescente parisina y errante. Este sevillano, sagaz y divertido, culto e incorruptible, vástago de una familia tan numerosa como pobre, dirigía los asuntos del país en Madrid de lunes a viernes, y volvía a su casa cada fin de semana para estar con su mujer y sus hijos. Me enseñó que se podía vivir el poder con sencillez, sin estar recluido en un despacho, rodeado de secretarios y consejeros. Conducía su propio coche e iba sin guardaespaldas cuando la amenaza terrorista era real, pagaba las cuentas en los restaurantes, dejaba que lo abordaran por la calle para criticarlo, darle las gracias o hablar de fútbol. Me llevaba a los mítines del PSOE, me explicaba la transición democrática, en la que fue una pieza clave, mientras paseábamos por las callejuelas del barrio de Santa Cruz, venía a buscarme al instituto para ir a ver una exposición o para asistir a la presentación de un libro. Yo llevaba unos vaqueros que me iban grandes y una camiseta con una caricatura de Stalin de la que todavía se acuerda. Y mes tras mes, me fue haciendo cada vez más andaluza y menos francesa. Me mostró los bastidores de la política y la historia contemporánea española. Pocas veces he hablado con una figura política tan inteligente. Hay encuentros que son determinantes.

Cuando Alfonso Guerra se rompió el tobillo, antes incluso de que sus colegas y amigos se interesaran por su estado, el Rey lo llamó. Juan Carlos siempre lo sabe todo antes que nadie. El privilegio de un monarca es estar mejor informado que sus súbditos. «Te recomiendo tomar una píldora de Tranquilina», le dijo. Y lo volvería a llamar varias veces para asegurarse de que se estaba tomando el medicamento. A menudo se picaban.

Alfonso le decía: «La monarquía es menos legítima que la república. La monarquía se hereda, mientras que la república se vota. Cualquier persona mínimamente racional no puede ser monárquica. Incluso usted, usted no podría ser monárquico». Juan Carlos soltaba una carcajada y debía recordarle, sacando pecho, que él era el Rey. Un rey al que se le podía tomar el pelo. Un rey al que se le podía decir y pedir todo. Yo he disfrutado de esta preciosa libertad en su presencia.

Mario Vargas Llosa encarna la resistencia intelectual heterodoxa. No me atrae en absoluto su discurso político liberal, pero admiro mucho sus novelas, en especial porque allí de donde procedo se valoran más los conceptos y las teorías que lo imaginario. La literatura contemporánea queda relegada a segunda división. Sin embargo, a mí sus novelas me llegaron, me hicieron viajar, soñar. Siempre se ha mostrado, antes y después del Premio Nobel, tan cálido como fríos y arrogantes son algunos intelectuales franceses; mucho más valiente que otros que, a lo sumo, se aventuran a ir a los platós de televisión. Prefirió la democracia y la libertad a la revolución cubana o la chavista: una elección que lo separó de la élite intelectual. Incluso osó presentarse a las elecciones presidenciales peruanas, corriendo el riesgo de ser difamado en su país natal. Cuando estaban a punto de privarlo de su nacionalidad por una venganza política, Juan Carlos lo hizo ciudadano español antes de convertirlo en marqués. Como promotor insaciable de la lengua y la cultura hispánicas, el Rey supo distinguir a uno de sus brillantes protagonistas.

Desde 1976, cada 23 de abril, para conmemorar la muerte de Cervantes y la de Shakespeare, Juan Carlos entregó el prestigioso premio de literatura Miguel de Cervantes, una especie de Premio Nobel de las letras hispánicas, preludio de una hermosa recepción en el Palacio Real que reunía a escritores y editores. El Rey quería ser el monarca de los intelectuales y de la lengua. Sabía que, sin cultura, su reino solo brillaría a medias.

3

¿Cómo pudo Juan Carlos hacer un doble juego durante tanto tiempo? ¿Cómo pudo someterse a Franco, desbaratar su vigilancia, apaciguar su desconfianza? ¿Cómo pudo tolerar vivir bajo los auspicios de un dictador? El Rey jamás pronunció una crítica hacia su protector, para mi desconcierto. Con los hechos reniega de él, pero en el discurso lo respeta. ¿Fue esta dicotomía lo que le permitió justificar sus elecciones políticas?

Francisco Franco sigue siendo un personaje turbador. Sus orígenes gallegos, su indecisión fingida y calculadora, fueron cualidades suficientes para acaparar el poder absoluto durante cuarenta años, pero son de poca ayuda para descifrarlo. El tipo de hombre con el que nos cruzamos en las escaleras, sin saber si sube o si baja. Es la encarnación de una España católica, timorata, tradicional, sumisa. La España que se resistió a la Ilustración de Napoleón. Una España hecha de latifundistas, dominada por un puñado de grandes familias aristocráticas. Una España orgullosa, incluso austera, autárquica, devuelta a su destino peninsular tras haber conquistado el mundo. Franco es la personificación de ella. Pero hay varias personalidades en él.

Está el joven militar ambicioso, acomplejado por su baja estatura hasta el punto de pasearse a caballo, por una voz aflautada que le arruinaba hasta sus mejores discursos, por una situación familiar embarazosa después de que su padre los abandonara para fundar otro hogar en la capital. Era el segundo de los hermanos, el más endeble y frágil, impulsado por una madre piadosa y solícita que le incitaba a ascender, a buscar la gloria por Dios y su país. ¿Qué mejor que el Ejército para asegurarse una promoción social y honores? La campaña del Rif en Marruecos le sirvió de trampolín. Se forjó cierta fama entre sus camaradas. Tenía suerte. Siempre salía indemne de sus incursiones temerarias en el frente. Esa reputación de invulnerabilidad lo seguiría a todas partes. ¿Era la protección de Dios? La popularidad no afectó en absoluto su carácter impasible, tímido, puritano. No se le conoce otra aventura amorosa que no fuese su mujer, Carmen Polo, hacia la que siempre se mostró devoto, incluso puede que sumiso. Para que su futura familia política, que proviene de la alta burguesía, aceptase el enlace con este advenedizo, tuvo que contar con el padrinazgo del rey Alfonso XIII, que no dudó en promocionarlo.

Después está el conquistador, el hombre de la Guerra Civil, imperturbable ante los estallidos de violencia y la crueldad de los ajustes de cuentas, dispuesto a prolongar los combates para crear una leyenda, una mitología de la cruzada nacionalista y católica contra los peligrosos rojos. Y, para aferrarse mejor al poder, no dudaba en eliminar a sus enemigos. Lo que, tristemente, se definiría como el «holocausto español». En los años cuarenta, Franco se encontró a la cabeza de un país diezmado, miserable, aislado y arruinado. Algunos creían entonces que, incluso sin la presión de los Aliados, el régimen se desmoronaría solo. ¿Podía la España exangüe sobrevivir a base de misas multitudinarias y del culto a la personalidad de un hombre carente de carisma, de elocuencia y de expresión impenetrable? Pero él se consagró de manera metódica a su misión mesiánica, necesaria para que en su patria se restaurasen el orden, la moral, el honor, la religión. Y por fin se deshiciera de aquella sensación de declive que la asediaba desde hacía siglos.

Este ser solitario que logró ganar popularidad, padre de una familia tranquila y devota, convertiría España en una especie de cuartel coronado por un semirrey, él, el guerrero implacable y cruel convertido en hombre de poder, fascinante por su malicia y su táctica. Y, entonces, tuvo una idea genial que reveló su gran pragmatismo: abandonó la autarquía oficialmente reivindicada que estaba llevando el país a la ruina y, a partir de 1957, adoptó un desarrollo económico capitalista. Confió en los jóvenes ministros tecnócratas provenientes del Opus Dei para cambiar el rostro de España. Gracias a ese «milagro español», Franco se convirtió en el padre bienhechor e indiscutible de la nación. Enfrentó las tendencias políticas internas al régimen para gobernar mejor, apoyado por una nueva clase media floreciente y agradecida. El país se abrió más desde una perspectiva económica que cultural o políticamente. Poco importaba. Franco se convirtió en sinónimo de una España que iba bien. Después de siglos de crisis y caos, se erigía como el hombre del desarrollo y de la estabilidad. Su único defecto fue no ser inmortal. Su salud empeoró. No desvelaba nada de los proyectos para su sucesión y continuaba entregándose al placer de la caza, la pesca y la televisión, sin renunciar al poder absoluto.

Cuando el Caudillo se encontró por primera vez con su protegido, este era un niño de diez años, separado de su familia, vulnerable y aislado. Franco no tuvo hijos, solo una hija. Y no escogería heredero entre sus siete nietos. Uno de los privilegios de los autócratas es poder designar a su sucesor. Se mantuvo fiel a la monarquía y a la rama directa de los Borbones de España. Don Juan, exiliado desde hacía treinta años, no habría sido aceptado por el régimen ni por las fuerzas armadas. Sin duda, el joven Juan Carlos se sintió halagado de ser elegido, hasta el punto de describirme a un Franco abierto y amable. Como «hija de revolucionarios» que soy, me resulta difícil de creer.

—¿Se acuerda de su primer encuentro con Franco?

—Me acuerdo muy bien porque me dejó verdaderamente impresionado. Fue afectuoso conmigo. Recuerdo que había un ratón que se paseaba por el despacho de Franco. El general me preguntó: «¿Qué miras?». Y yo le respondí: «¡Mire, hay un ratón!». Después me regaló un fusil, que todavía conservo como recuerdo. Fue muy simpático.

—¿En qué momento tuvo una relación más estrecha con él?

—A partir de los años sesenta, cuando me instalé en Madrid. Franco no hablaba mucho, pero conmigo le gustaba conversar. A veces incluso nos reíamos. Yo iba a verlo regularmente. Él me hacía preguntas. Como él no salía casi nunca, y yo estaba fuera todo el tiempo, le contaba cómo veía las cosas. Le decía abiertamente lo que pensaba, aunque supiera que no le iba a gustar. Le preguntaba: «Mi general, ¿por qué no se abre un poco?». Y él respondía: «Eso tendrá que hacerlo usted, yo no puedo».

—¿Cree que preveía los cambios democráticos que usted iba a emprender?

—Yo volví de un viaje oficial a Estados Unidos donde tuve un almuerzo supuestamente *off the record*, pero al día siguiente ya estaba todo en la prensa estadounidense. Franco, como buen gallego, me dijo: «Alteza, hay cosas que se pueden decir allí, pero que no se deben decir aquí. Y hay cosas que se deben decir aquí y que no se pueden decir allí».

—No obstante, usted estaba sujeto al régimen... ¿Cómo se las arreglaba para que no lo asociaran con Franco?

—Recuerdo que un día me advirtieron de que Franco iba a asistir a una celebración y que yo debía ir al Palacio del Pardo. Cuando Franco me vio llegar, me preguntó: «Pero ¿qué hace usted aquí?». Me quedé desconcertado. Le respondí: «Vengo a acompañarle». Y él replicó: «Hay ceremonias oficiales que solo me incumben a mí, a las que usted no debe venir». Se trataba de una celebración de la Falange. «Usted debe mantenerse al margen».

—Él creía que su régimen estaba «bien atado», que usted no podría cambiar nada fundamental.

—La víspera de su muerte me tomó la mano y me dijo: «Alteza, lo único que le pido es que mantenga la unidad de España». Y eso quería decir muchas cosas. No me dijo: «Mantenga esto o haga aquello». La unidad de España, y lo demás... [Juan Carlos se encogió de hombros]. Así lo comprendí yo.

—Y aun así, durante el año que precedió a su muerte, el régimen se tensó.

—Sí, en efecto, y fue algo que me preocupó mucho.

—Como sucesor designado, usted estaba asociado al régimen.

—No era algo evidente. Acepté ser el sucesor de Franco para servir a España. Me decía que algún día demostraría al mundo lo que quería para el país.

—En una fotografía, se le ve a usted detrás de Franco, delante de una multitud de personas que alzaban el brazo para hacer el saludo fascista. ¿En qué pensaba usted en aquel momento?

—No era fácil. Me decía: «¡Tendré que hacer que toda esta gente cambie de opinión!» [Juan Carlos ríe].

—¿No le parecía una misión imposible?

—Difícil, pero no imposible.

Como decía Lenin, «allí donde hay voluntad, hay camino». No obstante, en aquella época, el camino era realmente estrecho. Nadie imaginaba que Juan Carlos pudiera ser el director de orquesta de la transformación. Por aquel entonces, se le percibía como un heredero descolorido del dictador, con unas capacidades intelectuales limitadas.

Como un «destornillador», insisto sobre su vínculo comprometedor con el régimen franquista. Sube la tensión. Posa los codos sobre el escritorio para apoyarse mejor y me mira fijamente. De repente, tiene una expresión brutalmente seria. Con un tono seco, que roza el enfado, me suelta: «Ahora soy yo quien le va a preguntar. En lugar de que usted me bombardee a preguntas, voy a preguntarle yo algo. Si, por azar, yo no hubiera aceptado ser el sucesor de Franco, ¿cómo cree que habría conseguido hacer todo lo que he hecho, cómo podría estar ahora aquí explicándole cómo fue la Transición? Solo a través de la designación de Franco pude hacer, junto con los españoles y los políticos, todos los cambios que necesitaba el país. Gracias a que Franco dijo: "Tú eres el siguiente, tú serás quien asumirá el poder después de mí". Si no, no habría podido. Punto final». Me trago mi idealismo. Es el único momento en que nuestra conversación llega a una confrontación.

4

El 20 de noviembre de 1975, Franco falleció tras una agonía interminable. El silencio se cernió sobre España. Se instaló un ambiente de gravedad cargada de incertidumbre. «Tanto podían venir a ofrecerme la corona sobre un cojín como enviar a la Guardia Civil para que me arrestara», reconoce Juan Carlos. Sin embargo, no se discutieron los mandatos del Caudillo. Tres días más tarde, Juan Carlos fue proclamado rey por un Parlamento franquista. A partir de entonces, empezaría a reinar sobre un país que era cualquier cosa menos monárquico. La oposición, desconfiada, acordó darle el beneficio de la duda al jefe de Estado más joven de Europa; los franquistas lo subestimaban y a duras penas lo respetaban. No contaba con el aprecio de nadie, pero había heredado todas las prerrogativas del Caudillo. Sobre todo, pudo contar con el apoyo del Ejército, del que era el capitán general. Los cuatro años que había pasado en las academias militares le permitieron forjar una red de amistades indispensable. Algunos observadores internacionales temían una segunda guerra civil. El futuro de España preocupaba.

Juan Carlos decretó una amnistía parcial de los prisioneros políticos, que la izquierda consideró demasiado timorata. ¿Era ese gesto prudente una prueba de debilidad? Colocó a la cabeza del Parlamento a un cómplice, antiguo profesor de Derecho, Torcuato Fernández Miranda, que preconizó la receta mágica de la Transición: «Ir de la ley a la ley, pasando por la ley». Evolucionar en la continuidad sería la línea directriz de una reforma democrática hecha con suavidad, pero todavía no había nadie que creyera en ella. Una huelga sin precedentes desde 1936 inició una relación de fuerzas peligrosa; la protesta y las reivindicaciones fueron respondidas con una represión digna de Franco. El resultado fueron cinco muertos y una sesentena de heridos. La tensión política estaba al límite.

—¿Le sorprendió el alcance de aquellas manifestaciones? En España no había ocurrido nada similar desde hacía cuarenta años.

—No tuvieron lugar porque no estaban permitidas. La gente solo quería expresar su descontento y sus expectativas. Siendo de Francia, ya sabes de lo que te hablo...

—En mi país, en efecto, somos expertos en huelgas y manifestaciones, pero, en el caso que nos ocupa, su Gobierno reaccionó de manera un tanto firme...

—Era el Gobierno que heredé de Franco. Como no quería provocar una ruptura brutal, sino garantizar una evolución, no lo cambié. Eso implicó soportar cosas difíciles.

En tres meses, Juan Carlos perdió varios kilos por el estrés. Las ojeras delataban su ansiedad. El poder desgasta rápido, incluso a los treinta y ocho años. Entró en contacto directo con el país. Se mezcló con la gente en Andalucía, unas de las zonas más pobres. Y en Cataluña, la región más proclive a las protestas, utilizó el catalán, una lengua prohibida por Franco, en su primer discurso. En Washington, prometió al Congreso estadounidense que democratizaría España. Después se deshizo por fin del presidente del Gobierno, heredado de Franco, Arias Navarro, a quien calificó públicamente de «desastre sin paliativos». Sin embargo, el país se hundió en una crisis económica severa, que frenó brutalmente el «milagro español», y la oposición empezó a perder la paciencia. Parecía que la monarquía de Juan Carlos iba a ser de corta duración... Y, entonces, sacó el as que tenía en la manga: designó a Adolfo Suárez jefe del Gobierno. Una elección que nadie entendió: «¡Qué inmenso error!», exclamaron al unísono tanto la prensa española como la internacional.

Juan Carlos hizo caso omiso del desconcierto general. Lo que entonces se consideró un paso en falso sería su jugada maestra.

¿Quién era el apuesto y joven jefe de Gobierno de mirada intensa y expresión decidida? Aquel político de segundo rango era un producto puro del régimen franquista. Ambicioso, su ascensión social fue fruto exclusivamente de su trabajo y tesón. Conoció a Juan Carlos cuando era director de la televisión española. Compartían la lucidez mental, la valentía y, sobre todo, el deseo de cambio. Adolfo Suárez se convirtió en secretario general del Movimiento Nacional, el partido único, hecho que no le impidió defender en el Parlamento un proyecto de ley en favor de la legalización de todos los partidos políticos. ¡No le faltó audacia! Juan Carlos detectó en él la energía, el carisma y la apertura necesarias para iniciar un diálogo con la izquierda. No despertaba la desconfianza del Ejército o los franquistas, que lo consideraban un inexperto. Nadie apostaba por él. El Rey le encargó la tarea de desmantelar los engranajes del franquismo, del que él provenía y que conocía perfectamente. Pero ¿cómo lograr que los franquistas aceptasen lo inaceptable, y que la oposición aprobase un proceso democrático que emanara de la legalidad franquista?

Una nueva generación accedió al poder. Por primera vez en cuarenta años, ninguno de los miembros del Gobierno había participado en la Guerra Civil. Su juventud era una afrenta a la gerontocracia dominante con Franco. Se imponía un nuevo estilo político, moderno, eficaz, rápido. Las reformas se encadenarían a un ritmo trepidante, delimitadas en función de lo que las fuerzas armadas podían aceptar: libertad sindical, reintegración a la universidad de los profesores prohibidos durante la dictadura, retirada de los retratos del Caudillo de los lugares públicos, autorización de medios de comunicación libres... Juan Carlos tranquilizaba al Ejército mientras que Suárez iniciaba negociaciones secretas con la izquierda. Un frágil juego de equilibrios. La susceptibilidad de los militares estaba a flor de piel, y tenían los medios para derrocar la monarquía.

El presidente del Parlamento, Torcuato Fernández Miranda, se consagró a la compleja tarea de redactar una ley sobre la reforma política que se adjuntaría a la legislación franquista existente, sin modificarla formalmente, pero permitiendo su transgresión con el objetivo de dinamitarla. Al iniciar el curso político de 1976, la proposición de ley se presentó en el Parlamento. Suárez convenció a todos los diputados, uno a uno. Un franquismo sin Franco no era viable. El Rey trató de ampliar su apoyo popular recorriendo el país y actuó como un mediador con el poder militar. Finalmente, la ley se aprobó por unanimidad.

Hay una imagen de Suárez que me marcó: cuando se anunciaron los resultados de la votación, sentado en la primera fila del hemiciclo junto a los miembros del Gobierno, dejó caer la cabeza hacia atrás y cerró los ojos. Permaneció ahí, inmóvil, durante unos largos segundos, mientras que los demás se levantaban para aplaudir. Le embargó el alivio, o la importancia histórica del momento, o ambos. Los franquistas habían aceptado aquel suicidio político apenas un año después de la muerte del Caudillo. Algunos estaban convencidos de poder limitar el alcance de la reforma al votar por ella; otros más recalcitrantes esperaban en cualquier caso obtener cargos en el nuevo régimen o habían sido enviados a cumplir una misión en las playas paradisiacas del Caribe.

En el referéndum del 15 de diciembre de 1976, el 94 por ciento de los españoles aprobó el cambio. Aquella votación otorgó una legitimidad popular a Juan Carlos, quien, definitivamente, había traicionado a Franco, su protector. La monarquía se convirtió en la garante de los avances democráticos. La oposición republicana se resignó a admitir la Corona como un hecho consumado e ineludible.

El comunista Santiago Carrillo se paseaba clandestinamente por las calles de Madrid. Incluso desafió al Gobierno dando una rueda de prensa. Lo arrestaron. Mantenerlo en prisión empañaría la credibilidad del Rey y su reforma. Los franquistas querían procesarlo por su supuesta responsabilidad en las masacres de Paracuellos del Jarama en 1936, donde miles de ellos perdieron la vida. El juez recordó que los crímenes contra la humanidad todavía no existían —se establecieron en Núremberg— y que la ley no podía ser retroactiva. Sin cargos imputables, Carrillo fue liberado. Los ultras enfurecieron. El año 1977 comenzó marcado por la irascibilidad.

Las provocaciones de la extrema derecha y del grupúsculo de extrema izquierda GRAPO eran tan frecuentes que llegó a reinar un clima de terror. Los funerales de los policías asesinados por los terroristas maoístas provocaron una escalada de violencia que llegó al paroxismo con los secuestros de los presidentes del Consejo de Estado y del Consejo Supremo de Justicia Militar y, en respuesta a ello, con el asesinato de cinco abogados comunistas en su despacho en pleno centro de Madrid. Aquel funesto día del 24 de enero podría haber bastado para poner fin a la reforma. Juan Carlos contuvo el aliento. ¿Cómo reaccionarían las fuerzas armadas y el Partido Comunista? Su reino podría tambalearse.

La situación pendía de un hilo. Santiago Carrillo no se dejó llevar por las emociones y su llamada a la calma fue respetada por los militantes. El Ejército no decretó el estado de excepción. La situación era delicada, pero nadie decidió responder a la violencia con más violencia. Un arrebato de civismo y sensatez se impuso entonces entre las filas de estos dos adversarios históricos. Los ataúdes de los abogados, portados por sus camaradas, cruzaron en silencio el centro de Madrid, en medio de una marea de banderas rojas y puños alzados. Cada vez que veo estas imágenes de cientos de miles de simpatizantes desfilando con disciplina y contención por las calles de la capital, me impresionan. Imágenes que contradicen la idea del comunismo como «peligroso enemigo de la nación» que construyó la dictadura. Una ola de respeto se apodera del país.

Algunos afirman que Adolfo Suárez y Juan Carlos habrían sobrevolado las calles de la capital en helicóptero para ver con sus propios ojos aquella demostración masiva de fraternidad, dignidad y rigor. Eso le añadiría una dimensión todavía más épica a la escena. Me decepciono mucho cuando el Rey me reconoce que no fue así. Como si me revelara que, finalmente, era más jefe de Estado que agente secreto, más monarca que aventurero. Al final debo aceptar que vio las imágenes por la televisión como cualquier otro ciudadano. No tiene nada de glorioso. Los siguientes acontecimientos, sin embargo, demuestran su valentía. Sus ancestros mostraron su valía en el campo de batalla; él, en la palestra política. Son pocos los monarcas europeos que tuvieron relevancia política a finales del siglo xx. Mientras que los terroristas de extrema derecha y extrema izquierda intentaban bloquear la democratización, al final, obtuvieron lo contrario. El proceso de legalización de los partidos políticos, entre ellos el Partido Comunista, estaba más vivo que nunca. Incluso cuando el poderoso secretario de Estado Henry Kissinger le aconsejó al Rey «Go slowly!», temiendo que España, desprovista de una tradición democrática, se encaminase hacia un conflicto. Pero Juan Carlos, impaciente, estaba ávido de avances rápidos.

La ofensa se cometió un Viernes Santo, el día más sagrado de España. ¿Por azar o por provocación? El 8 de abril de 1977, el Partido Comunista, que había optado por el eurocomunismo, modificó sus estatutos e incluso renunció al marxismo-leninismo. Desaparecía así el último obstáculo para la legalización. En palabras de Juan Carlos, «es el momento más peligroso de la Transición», la primera decisión política de largo alcance que se tomaba en contra de la opinión de las fuerzas armadas, además, en plena Semana Santa. «Era la única opción posible. La democracia no habría sido viable sin que se legalizaran todos los partidos políticos. Pero sé que para algunos fue un choque difícil de encajar», continúa. A ojos del Ejército, los comunistas, vencidos sobre el terreno en la Guerra Civil, podrían ahora lograr el poder legalmente: una aberración. «Los militares me decían: "A sus órdenes", pero no estaban de acuerdo. Yo lo sabía. No obstante, no movieron ni un dedo. Hay que reconocer que fueron responsables». Juan Carlos no precisa que descolgaron su retrato de varias casernas. ¿Fue quizá el preludio de la tentativa de golpe de Estado, cuatro años más tarde?

La campaña legislativa de junio de 1977 se impregnó de un ambiente de fiesta popular. Todo estaba por inventar: los que asistían a los mítines lo hacían por primera vez, los oradores también. En aquel momento, la democracia inspiraba fascinación y entusiasmo. No obstante, ciertos reflejos de la dictadura no habían desaparecido totalmente, como lo explica Alfonso Guerra: «Cuando llegaron los primeros resultados, indicaban una leve ventaja del PSOE. Un miembro del Gobierno preguntó: "Si esto se confirma, ¿existe algún mecanismo técnico previsto para cambiar el resultado final?". Adolfo Suárez explotó: "¡Son unas elecciones democráticas! ¡De-mo-crá-ti-cas!"». Para la mayoría de la población, las reglas de la democracia seguían siendo desconocidas. Se empezaba a perfilar el paisaje típico de los países occidentales, con una predominancia de los dos grandes partidos de centro derecha y centro izquierda. El presidente Adolfo Suárez se alzó como vencedor con el 34 por ciento de los votos, seguido de Felipe González, el líder socialista, con el 28 por ciento. Para sorpresa general, el Partido Comunista quedó por debajo del 10 por ciento, igual que los franquistas que defendían una «democracia con autoridad». Los españoles ya no se dividían entre vencedores y vencidos de la Guerra Civil.

Adolfo Suárez había cumplido con su cometido: «Mi misión no consistía en permanecer en el poder, sino en transformar la naturaleza de ese poder: que fuera la expresión libre y auténtica de la voluntad popular. Por convicción democrática, pero también por otro motivo: era la única manera de lograr la reconciliación nacional». ¿Cuál era el precio? Olvidar el pasado para construir mejor el futuro. La Transición se haría sin procesar el franquismo, sin buscar culpables, sin ajustes de cuentas. Se trataba de partir de cero bajo la égida de Juan Carlos, que actuaba como vínculo entre un franquismo pasado y un futuro democrático, entre el poder militar y el poder civil, entre los verdugos y los perseguidos, aunando las legalidades franquista, monárquica y democrática. Lo llamaban «el motor del cambio». Dos años antes, no era más que una sombra detrás de Franco. Nuestro protagonista estaba en proceso de heroización.

—¿Cuál fue la receta mágica de la Transición?

—Se la debo al pueblo español, que me permitió hacer lo que hice. Y a los políticos de la época. Si no, habría sido misión imposible.

—¿Cuál fue su método?

—La clave fue el diálogo, reunir a todo el mundo y decir: «Tú piensas de forma diferente que yo, pero, a pesar de ello, vamos a intentar entendernos».

—¿Cómo convenció a los franquistas para que aceptaran la democracia?

—Ellos querían conservar una nostalgia del franquismo, con sus ritos y símbolos. Les dejé hacer y acabaron por aceptar el cambio.

—¿Y su relación con el Partido Comunista? No es baladí que un rey se entienda bien con un líder comunista.

—Al volver del exilio, Santiago Carrillo demostró ser un gran patriota, y es algo que le agradezco mucho. Era fundamental que apoyase la Transición democrática. Aceptó la monarquía, la bandera de España, la unidad del país, por el bien de España y la democracia.

—¿Era usted consciente en ese momento de que desempeñaba un papel histórico fundamental?

—Sí, pero había que continuar, no podíamos detenernos a medio camino...

5

Cuando se aplaca un frente, se abre otro. El separatismo catalán y vasco amenazaban la democracia incipiente. La unidad del país no era una cuestión negociable para el Ejército y los franquistas. El Rey y Suárez planearon precipitadamente una hábil operación: organizaron el retorno a Barcelona de Josep Tarradellas, figura histórica del partido Esquerra Republicana de Catalunya (ERC) y miembro del Gobierno de la Generalitat desde 1931, exiliado en Francia desde el fin de la Guerra Civil. Recuperó el cargo de presidente de una Generalitat recientemente restaurada. Al aceptar, el republicano catalán reconocía implícitamente la legitimidad de la monarquía, garante de la unidad del país; al asegurar su retorno, la monarquía reconocía por su parte la identidad catalana, anteriormente prohibida por la dictadura. Una situación frágil. Los independentistas vascos, irascibles, se refugiaron en el terrorismo, y arremetieron contra militares y representantes del Estado, incluyendo al Rey. Se desmantelaron atentados y planes de secuestro contra él. En aquel contexto de violencia sanguinaria (ochenta y cinco víctimas de ETA en 1978, ciento dieciocho en 1979) se preparaba la última gran etapa hacia la consolidación definitiva de la democracia, la Constitución. Siete diputados electos, que representaban todas las tendencias políticas, se pusieron manos a la obra.

El grupo socialista presentó una enmienda a favor de un régimen republicano. En 1936, el Gobierno legítimo contra el que Franco se rebeló era una república. Tras el largo paréntesis de la dictadura, volver al régimen anterior a la Guerra Civil podía parecer algo coherente. Era necesario que la elección entre la monarquía y la república se presentara formalmente al Parlamento. Alfonso Guerra, promotor de este proceso más simbólico que realista, explica: «Propusimos la enmienda, perdimos la votación, el tema quedaba cerrado. La realidad primaba, las circunstancias se impusieron». Santiago Carrillo fue más allá: «Aceptamos la monarquía con la condición de que funcione como en los otros países europeos que son en realidad repúblicas coronadas».

El texto constitucional, cuya minuciosa elaboración ilustra el espíritu de compromiso existente, fue ratificado por la mayoría del Parlamento y en un referéndum posterior que lo aprobó con el 88,5 por ciento de los votos. El 27 de diciembre de 1978, en una sesión solemne y excepcional, Juan Carlos lo promulgó con la siguiente declaración: «Es la Constitución de todos para todos, y también es la Constitución del Rey de todos los españoles». Cuando puso su rúbrica, le temblaba la mano. «Era un momento tan importante para el país... Siempre la tengo frente a mí, en mi despacho», me precisa todavía con cierta emoción. A partir de ese momento, Juan Carlos dejó la política a los políticos.

—¿Fue difícil de aceptar que, a partir de entonces, usted iba a tener poderes limitados?

—Al contrario. ¡Fue un alivio! No sé por qué a la gente le gusta tanto el poder. Yo renuncié a él feliz y tranquilo.

—Una vez que se ha probado el poder, en general, la gente trata de retenerlo...

—El poder es muy difícil. Continuamente hay que tomar decisiones sobre cuestiones complicadas. Y ¿por qué debería tener yo el poder? Es incumbencia del Parlamento, que debe ser la expresión de la soberanía nacional. La monarquía está por encima, como una especie de paraguas. Tengo un poder moral, de representación, pero ningún poder real. Fue gracias a esta *auctoritas* que los españoles me aceptaron después de treinta y nueve años.

Esta autoridad moral que, sin embargo, ha socavado con un comportamiento inconveniente. ¿Por qué no cuidó este capital, el único que había adquirido? Una lucha contra él mismo que no ha sabido gestionar...

Tres meses después de nuestra entrevista, tomará por sorpresa al país anunciando su abdicación, el lunes 2 de junio de 2014. En efecto, Juan Carlos no se aferra al poder. En el tiempo transcurrido, enterró a su cómplice de la Transición, Adolfo Suárez. Entre estos dos compañeros de viaje, hubo momentos de alegría y de tensión, también peleas. A pesar de todo, el dúo sigue siendo una pareja política poco común: eran apuestos, jóvenes e intrépidos. Y cumplieron con lo que prometieron al pueblo español.

Una de las cosas que más lamento es no haber podido conocer a Adolfo Suárez. Tras enterrar a su hija y a su mujer, que murieron de cáncer, ya no recordaba que había desempeñado un papel principal en la historia de su país. Afectado por el alzhéimer, se había apartado del mundo y el mundo lo había olvidado. En 2008, Juan Carlos fue a su casa para entregarle el Toisón de Oro.

—¿Quién eres? —le preguntó Suárez, que no lo reconocía.

—Tonto, soy yo, tu amigo Juan Carlos.

Suárez le dirigió una gran sonrisa y lo tomó del hombro para llevarlo a pasear por el jardín y conversar como en los viejos tiempos. Su complicidad seguía siendo palpable. Fue el último encuentro de estos dos héroes trágicos.

Cuando murió su antiguo jefe de Gobierno, el 23 de marzo de 2014, Juan Carlos compareció muy abatido. «Mi gratitud es profunda y mi tristeza, inmensa», afirmó delante de las cámaras cuando salía de las exequias. Dicen que fue en ese momento cuando decidió anunciar a su hijo la puesta en marcha de la operación «abdicación». Con la pérdida de su apreciado compañero de batallas decía adiós a toda una época. Ya nada lo retenía, era indudablemente un hombre que pertenecía al pasado. España, que tiene poca memoria, redescubrió aquel día en la persona de Adolfo Suárez a uno de sus grandes hombres de Estado, como pocos ha conocido. Tras haberle dado la espalda durante casi cuarenta años, proliferaron los homenajes. De pronto, los españoles tomaron consciencia de la valentía, la inteligencia y la elegancia con las que Suárez había dirigido la transición democrática bajo la égida del Rey. Es algo que me reconfortó: en España se entierra bien. La cuestión es no esperar honores antes.

Hoy, Podemos acomete contra esta obra maestra política puesto que, como en toda creación, hubo olvidos, imperfecciones, concesiones. El país podría enorgullecerse de ser un modelo de transición de terciopelo, celebrar cada aniversario con entusiasmo. En Francia, la conmemoración se ha convertido en un deporte nacional. En España, es la autodenigración. No existe un relato nacional. Los españoles no aman su pasado, un pasado subdividido en regiones. Al criticar la obra política, los populistas condenan, evidentemente, a sus autores. Es un proceso digno de la Inquisición, con la fogosidad de los convertidos que ocultan sus chanchullos para denunciar mejor los de los demás, que preconizan la pureza para disimular mejor sus acciones comprometidas, poseídos por la radicalidad de la inexperiencia. Corriendo el riesgo de poner en peligro la democracia. Aunque ¿no es precisamente este su objetivo? A fuerza de nutrirse de la Venezuela de Chávez y Maduro, llegaron a la conclusión de que el Estado debía servir a sus intereses, con la justicia social como estandarte.

Yo continúo pensando que pasar de una dictadura a una democracia, rápida y pacíficamente, en plena crisis económica, y bajo la amenaza del terrorismo, es como un milagro. Un milagro que Juan Carlos ni siquiera se atribuye a sí mismo. Me complicaba la tarea: yo quería mostrarlo en mi documental como un hombre providencial, el rey del riesgo y del cambio, y él se posicionaba en el papel de acompañante de una nueva sociedad en marcha. ¿Cuántas veces he tenido que recodarle durante nuestra entrevista que tenía que dejar de recurrir a la primera persona del plural o a las formas impersonales porque presentaba la Transición como una operación colectiva? ¿Cuántas veces le he tenido que pedir que dejara de ser tan modesto, para que coincidiera con mi versión? «No hice más que cumplir con mi deber», repetía. Fue un líder que supo congregar, persuadir, guiar. Los verdaderos héroes no sacan pecho. Y, hoy, preferimos las víctimas a los héroes. Él seguía siendo mi héroe de la negociación, de la concordia.

No fue el único. Fue una época que exigió altura de miras y valentía a sus dirigentes. Las imágenes de archivo del golpe de Estado me impactaron. Capturan el carisma de los héroes políticos del momento.

El 23 de febrero de 1981, el ruido de las metralletas resonó en el hemiciclo de las Cortes. Los diputados y los ministros se tiraron al suelo. Algunos se acurrucaron en los escaños. Otros se ocultaron entre las gradas. En pocos segundos, la sala se vació de rostros. Solo Adolfo Suárez y Santiago Carrillo permanecieron sentados, marmóreos, en medio de un desierto de asientos abandonados. Parecían asombrados por aquel espectáculo surgido de una película folclórica pasada de moda, en la que los tricornios y los bigotes de la Guardia Civil interpretaban los papeles principales. La joven democracia, por la que habían trabajado tanto, estaba siendo pisoteada frente a su mirada atónita. Y se negaron a ceder ante la amenaza de las armas. Se enfrentaron al peligro con la cabeza alta. ¿Acaso eran unos suicidas? Tras largos minutos de estupefacción, el ministro de Defensa de setenta años, el general Gutiérrez Mellado, en un acto de valentía se decidió a enfrentarse a los insurgentes, nerviosos, armados. Suárez acudió en su ayuda. El forcejeo fue duro, tenso. Fácilmente podía escaparse un disparo. Al final Santiago Carrillo, Felipe González, Alfonso Guerra, el general Gutiérrez Mellado y Adolfo Suárez fueron llevados aparte. Se esperaban lo peor. Lo más probable, un tiro en la nuca. Fue gracias al Rey que después de una noche interminable en la que podía pasar cualquier cosa fueron liberados.

«Salvó la democracia. Si hubiera decidido apoyar a los golpistas, habrían ganado. Está claro. El papel de Juan Carlos fue fundamental», concluye Alfonso Guerra.

VI
Claqueta final

Primavera-verano de 2014

1

Faltan tres días para que se anuncie la abdicación. Es un secreto bien guardado. Un ambiente relajado reina en la Zarzuela. El sol baña los jardines, el jefe de la Casa Real, Rafael Spottorno, se muestra sonriente y afable. Evidentemente, yo no sospecho nada. Ninguna señal me permite prever un seísmo semejante. El Rey está mejor, ha viajado para demostrar que todavía puede ser un embajador eficaz, e incluso su imagen empieza a relucir de nuevo. Lo observo de lejos conversar con su hijo Felipe, entre los árboles y las esculturas contemporáneas. Charlan, ríen. La prensa se recrea en la mala relación entre padre e hijo, pero yo no veo más que complicidad y armonía entre ellos; un padre bromista, que se tambalea un poco, sostenido por un hijo protector, respetuoso, diligente. Este dúo que desprende avenencia, una avenencia de la que me hablaba Juan Carlos para describir su relación con su padre, tiene algo conmovedor. ¿Repetimos siempre lo que hemos vivido? Don Juan se retiró en favor de su hijo; Juan Carlos está a punto de hacer lo mismo por Felipe. La Historia trastabilla. Hace siglos que los españoles expulsan a sus reyes, sin cortarles la cabeza, no obstante, y cinco generaciones de los Borbones de España se han visto obligadas a renunciar y a desterrarse. La revolución de 1868 ya empujó al exilio en Francia a la reina Isabel II, que finalmente abdicó en favor de su hijo Alfonso XII. Todos saben que la Historia rara vez es dichosa. Como si una maldición se ensañara con ellos. ¿Logrará Felipe romper el conjuro?

Cuando vivía en Sevilla, de adolescente, una generación de jóvenes en la flor de la vida estaba enamorada de este joven príncipe elegante, de sonrisa cautivadora, deslumbrantes ojos azules y que no hallaba un *alter ego* digno de su rango. Siempre sentí lástima por él. Un niño que creció bajo los focos, a la sombra de un padre tan brillante, cuyo destino estaba escrito, y con una agenda planificada al milímetro. Un primer discurso oficial a los trece años, un primer viaje oficial a los quince, y, a los dieciocho, juraba sobre la Constitución obedecer las leyes. Con este físico admirable, es perfecto, demasiado perfecto. «El heredero mejor preparado de Europa», se jacta Juan Carlos. ¿Qué hay detrás de esta apariencia tersa y gloriosa? Detecté dulzura, discreción, perseverancia, amabilidad, y un no sé qué de elegancia, de distinción. Sin embargo, parece apresado por un engranaje que le sobrepasa, que no logra controlar: consejeros desconfiados adeptos al lenguaje vacío, obligaciones que cumple con demasiado esmero, comunicadores que gestionan su imagen. Todos están a la defensiva, con la mirada clavada en las redes sociales y los últimos sondeos. Nadie sabe si tiene aficiones —aparte de la vela, herencia de sus ancestros—, caprichos, deseos, si suelta carcajadas o si se enfada. Se muestra como un padre esmerado, un esposo estoico, un buen camarada. Es todo lo que se espera de él. O, mejor dicho, es todo lo que cree que se espera de él. Un hombre sobrio, serio, secreto e incluso ascético.

A partir de ahora, la Casa Real está cerrada con triple vuelta y un candado. Felipe y Letizia han impuesto una distancia protectora para con los medios y los españoles. Se difunden algunas imágenes de la vida cotidiana de la familia real cuando Felipe cumple cincuenta años, por ejemplo, imágenes patéticas de una comida dominical alrededor de una simple sopa, de la salida matinal de las princesas hacia el colegio. Imágenes de la vida sin vida. Nunca tendré acceso a Felipe, a su entorno, a su verdad, a sus sentimientos, como lo he tenido con su padre. No podré mantener estas conversaciones sin orden ni concierto, espontáneas y francas, delante de las cámaras o en privado, no podré alcanzar su autenticidad, a veces imprudente e ingenua. Ni Juan Carlos ni Rafael Spottorno han tratado jamás de ejercer control alguno sobre mi trabajo, sobre mis preguntas, sobre mis escritos. La libertad total que me otorgaron me dejó estupefacta. Desde su entronización en 1975, Juan Carlos no reprimió su personalidad, el cargo no encorsetó su temperamento. Con las ventajas e inconvenientes que esto supone. Con los descarríos y extravíos que ha implicado. Corriendo el riesgo de alejarse del estereotipo del monarca.

Juan Carlos duda de sí mismo. En plena entrevista, me pregunta en francés haciendo una mueca: «No está demasiado bien, ¿verdad?». No entiendo a dónde quiere ir a parar. «Debo aprender a actuar, y a mi edad...», continúa con un tono de decepción. En lugar de parecerme algo divertido, hace que me desmorone. Le doy confianza como puedo, le incito a continuar. ¿Cómo es posible que un rey, sobre todo después de una larga carrera, pueda vacilar, dudar? Se enfrentó a un golpe de Estado y, aun así, tiene la necesidad de que lo anime una simple entrevistadora. Lo atribuyo a la vejez, a la fatiga. No obstante, esta inseguridad rebrota a menudo en nuestra conversación.

Cuando habla de sus hijos, se le ilumina la mirada. No muestra el mismo entusiasmo cuando hace referencia a su esposa. No la llama por su nombre, la llama «la Reina» con un tono formal, como si su título prevaleciera sobre su estado, como si finalmente no fuera más que eso, o fuera ante todo eso: reina. Una reina irreprochable que, por lasitud, dejó que su augusto esposo partiera solo a cumplir penitencia; y que, por un sentido del deber, permaneció con discreción en la Zarzuela para respaldar a su hijo. Es la encarnación de la ejemplaridad. El cargo siempre es lo que prevalece en las personas verdadera y puramente reales.

Cuando Juan Carlos evoca a su heredero, el orgullo no tiene límites. Su expresión emana ternura. La relación debió de tensarse desde que asumió el poder, pero, en este invierno de 2014, todavía le llena de satisfacción haber formado a un futuro rey, haber garantizado la perennidad de la Corona.

—¿Cómo fue la educación de su hijo?

—Hizo la carrera militar como yo. También estudió una carrera universitaria, y un máster en la Universidad de Georgetown. En los estudios, ha tenido más oportunidades que yo. En este aspecto, está muy bien preparado. Mis tres hijos obtuvieron buenos títulos universitarios. Yo no tengo ningún título.

—Quizá usted tiene otra cosa...

Suspira.

—Su vida de príncipe ha sido muy diferente a la suya.

—Fue diferente porque se crio en su país, creció en un mismo lugar, un lugar seguro, con un entorno estable.

—Esto le dio la seguridad que usted no tuvo.

—Él nació en el palacio. Yo nací en Roma...

Se queda absorto.

Cuando prestó juramento ante el Parlamento, el 19 de junio de 2014, Felipe VI anunció «una monarquía renovada para un tiempo nuevo», que observaría «una conducta íntegra, honesta y transparente». ¿En qué pensaba su padre, delante de la televisión, viendo el primer discurso de su hijo convertido en rey? ¿Presiente ya que su presencia será problemática para Felipe o todavía lo ciega el orgullo de haber formado a un monarca intachable?

Juan Carlos, convertido en «rey emérito», que es una forma elegante de decir «rey jubilado», vería cómo su heredero establecía un cordón sanitario entre los dos reinados. Hasta el punto, por ejemplo, de ser excluido de la conmemoración de los cuarenta años de la Constitución que él mismo había promulgado. El apuesto rey Felipe VI se ocuparía de limpiar la herencia de Juan Carlos, y haría de la Corona una institución irreprochable y reglamentada, pero al tiempo le despojaba de su legado histórico. Un parricidio en nombre de los intereses del trono. Parecido a lo que hizo Juan Carlos con don Juan. La monarquía tiene sus mecanismos de supervivencia. No estoy segura de que Juan Carlos lo previera. Ni siquiera aunque la reina Beatriz de los Países Bajos se lo hubiera advertido: no servirá de nada a la generación siguiente, que prescindirá de sus opiniones y de su experiencia. Me pregunto si, en estas familias, se puede amar al padre renegando del rey, o viceversa. ¿El cargo sustituye al vínculo?

Fue en nombre de este beneficio de inventario que mi documental sobre el papel de Juan Carlos en la transición democrática no se retransmitió en España, aun cuando había sido coproducido por la televisión pública española. Ingenuamente, imaginé que el reinado de Felipe se vería consolidado al valorizar la obra política de su padre. No comprendí que la Casa Real no quisiera oír hablar más de Juan Carlos, ni de sus éxitos ni de sus extravagancias. O debería decir que para enterrar sus faltas también había que enterrar sus logros políticos. Sin embargo, la reciente y frágil monarquía española encarnada por Felipe tiene sus orígenes en la voluntad y los actos de Juan Carlos: la legitimidad del hijo proviene directamente del padre. Al contrario que otras monarquías, herencias milenarias, la Corona española es el fruto de un compromiso reciente que nació en la Transición democrática, dirigida por un monarca absoluto que deseó convertirse en monarca constitucional. Habrá que esperar seis años y la expatriación punitiva de Juan Carlos, en el verano de 2020, para que mi documental que ensalza la gloria de una época y de una generación de hombres de Estado sea por fin retransmitido. Sin duda para atenuar la partida brutal de este rey tan incómodo con el que se ensaña el Gobierno. O para tratar de perdonar al padre de la nación por sus errores, al fin y al cabo insignificantes en la escala de la Historia. No obstante, la opinión pública y las redes sociales se alimentan más de acusaciones que de absoluciones, de maniqueísmos que de matices. Aunque ello suponga olvidar el largo e inusual periodo de paz y de crecimiento que supuso el reinado de Juan Carlos. Un desafío para este país.

2

En esta jornada histórica del 19 de junio de 2014, Madrid está iluminada por un sol abrasador. La ciudad está engalanada con flores blancas y banderas para recibir al nuevo rey. Estoy en plena promoción de mi biografía de Juan Carlos, que no puede llegar en peor momento. Justo cuando los españoles están encantados de entrar en una nueva era de esperanza, vengo a reiterarles que también deberían enorgullecerse del reinado precedente, que en cuarenta años el país ha dado un salto hacia la modernidad, que Juan Carlos ha estado a la altura de los desafíos históricos, y que la cacería de un elefante (aunque se trate de uno de mis animales preferidos) junto a una amante no debería mancillar un legado bendito. Nadie está dispuesto a escucharme. Imposible luchar contra lo que está en boga. Como estoy en España, donde he decidido de una vez por todas que mis visitas serán felices, este revés no ensombrece mi ánimo. Todo se disipa en la terraza de un bar con amigos, tapas, risas.

Salgo de una entrevista televisada y cojo un taxi para ir al Palacio Real. La seguridad es altísima y los cordones policiales provocan atascos dignos de París. En este caso me beneficia, puesto que es la primera vez que me desvisto en un taxi; me quito los vaqueros para ponerme un vestido de gala. El conductor se ríe y opina que, definitivamente, las francesas son muy liberales. Me ha llevado treinta y ocho años perder por fin la vergüenza... Y todo ello por un rey.

Formo parte de los mil seiscientos invitados que se agolpan en la recepción que da Felipe VI por su ascenso al poder. En el palacio, el ambiente es cálido y enérgico. Teniendo en cuenta la reputación de los españoles, se podría esperar una organización laxa, caótica. Sin embargo, todo está dominado por el orden y la calma. Se atiende y se acompaña a cada invitado a uno de los bellos salones del Palacio Real, donde se encuentran miembros del Gobierno, del cuerpo diplomático, diputados, antiguos ministros. Un gran número de periodistas, deportistas, toreros, cantantes y empresarios revolotean por allí. Incluso las estrellas se hacen selfis en la inmensa escalinata o delante del escritorio donde Juan Carlos había firmado la noche anterior el acta que oficializaba su abdicación. Todos se abalanzan sobre el vino y el jamón serrano. Un *brouhaha* ensordecedor asciende hasta los salones; intuimos que la familia real está saliendo al balcón. Me divierte muchísimo este espectáculo animado, colorido, ruidoso. Después, sin previo aviso, las estancias se vacían. En el pasillo que lleva al Salón del Trono se forma una cola interminable. Es hora de saludar a la nueva pareja real. A pesar de la impaciencia y el calor, las conversaciones se animan todavía más. La cola avanza lentamente sin que ello moleste a los invitados. Todos se arman de paciencia, tantos las celebridades como los demás, sin protocolo particular. El rumor pasa de invitado a invitado: Felipe y Letizia hacen una pausa para refrescarse. El calor se vuelve asfixiante, las mujeres sacan sus abanicos y los hombres reclaman cervezas frescas. Un antiguo ministro del Interior se desmaya, lo cual tiene el mérito de acaparar nuestra atención.

Son las dos de la tarde pasadas y me pregunto si no habrá forma de escapar por alguna puerta trasera. Mi alegría, desgastada por la espera, empieza a dejar paso al cansancio cuando, por fin, entro en el Salón del Trono. Las paredes aterciopeladas color rojo y los espejos barrocos, presididos por las pinturas de Tiepolo, dan un aura muy real a la estancia, con sus cuatro leones de oro que posan una de sus patas en una esfera de mármol y que enmarcan los tronos. Allí, las voces se transforman en murmullos y los flashes crepitan. La cola avanza, uno a uno; Felipe y Letizia les estrechan las manos, en silencio, infatigables. Es un ritual extraño, fastidioso, repetitivo, insípido. Entonces, todo se acelera. Me encuentro antes de lo que preveía delante del apuesto Rey, sonriente y lozano.

—Pero ¡mira qué sorpresa! ¿Ha venido de París? —me dice rompiendo el silencio. Confundida, mientras la Reina me estrecha la mano firmemente, balbuceo:

—¡Valía la pena volver a subirse al avión por usted!

No cabe duda de que Felipe ha heredado de su padre la memoria y la deferencia.

3

Mi héroe caído se convierte en un héroe jubilado. Aquí debía desdibujarse su destino. Y mi historia con él, también.

Vuelvo a la Zarzuela unos días después de la entronización de Felipe. Juan Carlos me ha pedido un ejemplar dedicado del libro. Me incomoda llevarle esta biografía sobre él como un regalo de despedida de su vida de rey. Va vestido de manera informal, está sonriente, incluso puede que aliviado. Buscamos durante un buen rato una estancia libre donde sentarnos. Su despacho, a partir de ahora, está ocupado por su hijo, y las reuniones se multiplican por todas partes. La Casa Real todavía no ha previsto un lugar para él. Resulta una situación cómica: el Rey emérito errando por el palacio en busca de un sofá donde conversar tranquilamente. Ya está de más. Lo achaco a un problema de organización. No quiero ver en ello el anuncio de una política de ruptura. Parece satisfecho por las últimas ceremonias, convencido de que Letizia es una madre ejemplar para las dos herederas encantadoras, y Felipe, un rey preparado y sereno. No intenta forjarse una leyenda ni piensa en escribir sus memorias. Por fin eximido del deber, solo espera disfrutar de la libertad que dio a los españoles cuando murió Franco, pero que hasta ahora no ha podido aprovechar. Me conmueve su sinceridad, el desapego que siente hacia su imagen. No reniega de sus errores; no trata de ser otra cosa que él mismo. ¿Es humildad o descaro?

Ocho meses más tarde nos volvemos a encontrar, esta vez

en la planta baja del Palacio Real. La Casa Real le ha asignado un despacho, en pleno centro de la capital, cerca de los restaurantes a los que suele acudir con sus amigos. Lo felicito, por fin tiene un espacio inmenso con paredes tapizadas y muebles antiguos dignos de un monarca: «¡Ha tenido que esperar mucho para que se le otorgue un despacho de rey!». Suelta una carcajada. Le cuento con franqueza que acabo de salir de la Zarzuela, donde me he reunido con el nuevo director de comunicación. «Desde que usted ya no está por allí, ¡todos le temen a su propia sombra!». Es la impresión que me queda después de hablar con los miembros recién nombrados de la Casa Real. «Eres tú quien lo dice, no yo. ¡Yo no comento nada de lo que ocurre allí!», se defiende.

Temía encontrarme a un hombre desilusionado, aislado, apoltronado, pero tiene una mirada centelleante, un tono firme, el sentido del humor intacto y una actitud comunicativa. Únicamente su andar es más vacilante, utiliza un bastón para caminar. Sigue teniendo innumerables anécdotas que contar. Como aquella vez que iba paseando por Hawái, cuando tuvo sus primeras «vacaciones de verdad» y se paró de improviso en una cafetería. Oyó susurrar a unos españoles: «Se parece a Juan Carlos, pero no puede ser él», y acabó tomándose una copa con ellos. Todavía se ríe, encantado con esta nueva vida llena de sorpresas y encuentros inesperados. Me cuenta que se mantiene «a disposición del Rey», que hace «lo que él [le] ordena»: inauguraciones, traspasos de poderes, entierros, competiciones deportivas, todo lo que Felipe no tiene tiempo de hacer. Presta servicio, echa una mano. Se han invertido los papeles y no parece sentirse agraviado. O, en todo caso, oculta perfectamente su amargura. En última instancia, la corona es una ascesis y una servidumbre de por vida, incluso cuando ya no la lleva sobre la cabeza.

Su auténtico placer ahora es la competición náutica, a la cual se dedica plenamente, hasta el punto de ganar dos veces el campeonato del mundo (en la categoría de seis metros) en 2017 y en 2019. Con casi ochenta años, empieza una nueva carrera. Estoy asombrada, sobre todo porque me mareo fácilmente y porque nunca he comprendido del todo la satisfacción que puede procurar el deporte. «El mar es libertad», me explica. Su padre don Juan fue un eminente marinero, y Juan Carlos siempre se ha exhibido, en su residencia estival de Palma de Mallorca, sobre yates o en regatas. A pesar de la vejez y las dificultades físicas, se ha aferrado a la vela como a una afición salvadora. Cuando está en el mar, se enfrenta a los elementos y su verdad. Según las palabras de Tabarly «navegar es una actividad que no conviene a los impostores». El barco se ha convertido en su nuevo trono, tan inestable como el precedente. Definitivamente, este rey no deja nunca de sorprenderme.

No he logrado abordar sus demonios. «¿Por qué busca tal seguridad financiera? ¿Realmente tenía necesidad de ir a matar un elefante para impresionar a una dulcinea?», debería haberle preguntado, pero no me he atrevido. Lo dejo tal cual, con su parte de sombra. No habré sido un «destornillador» perseverante hasta el final.

Antes de irme, recuerdo mirarlo a los ojos. Creo percibir un fulgor melancólico, una tristeza profunda que, a pesar de su actitud enérgica, vela el fondo de su mirada. Lo dejo conservando esta imagen de él, de un sufrimiento camuflado, nunca aplacado.

Decía adiós al representante de una generación libre, insumisa, festiva, desacomplejada, emancipada, con la que yo crecí y gracias a la cual me construí. Una generación que asumió todos los riesgos para conquistar la libertad, que vivió plenamente, indiferente a lo políticamente correcto y a una comunicación dominada por el papel satinado. En la época de la belleza sin bótox, de la verdad sin filtro. Su personalidad flamante y excéntrica encarnaba la vida y el éxito. No se perdió entre largos discursos y posturas falsas, actuó, conquistó, logró. Este electrón libre, que engañó a todo el mundo, no estaba encorsetado por la ideología o las falsas lealtades.

Mis padres me presentaron un mundo serio, grave, austero,

hecho de decepciones políticas y amorosas, de luchas y conquistas dolorosas, de pensamientos rígidos y complejos. Juan Carlos, y la España que personificaba entonces, logró transformar y revolucionar todo. «Cambiar la vida» —sin la ayuda de Marx— podría haber sido su lema. Al fin y al cabo, un rey podía ser tan rebelde y revolucionario como un guerrillero o un jefe de Estado socialista. Menos sangre y más estilo. Juan Carlos combinaba el peso de la Corona con la despreocupación, la seriedad política con el disfrute, la indignación con las carcajadas, la democracia con el crecimiento. Podía ser, a la vez, playboy, embajador de lujo, deportista temerario, militar consumado, rey republicano. En España o en la otra punta del mundo. Nunca he conocido a nadie como él: los monarcas son tan aburridos como glamurosos, simbólicamente imprescindibles pero políticamente irrelevantes, los jefes de Estado se han convertido en máquinas de conquistar el poder, sin trascendencia, y las celebridades en productos comerciales. Juan Carlos encarna la desenvoltura del último siglo, la simpatía de los hispánicos, la audacia de los desclasados, el mérito de los grandes hombres de Estado.

La rabina Delphine Horvilleur afirma que, cuando se celebra un funeral, «no tenemos por qué contar la vida de superhéroes, sino de superhumanos». El Rey era mi «superhumano», con sus resquicios, sus defectos, sus lágrimas, y tuvo la generosidad y la actitud abierta de dejarme entrever los entresijos de su destino épico. Siempre se lo agradeceré. Ha sido mi fragmento de Historia.

VII
El destierro

2020

1

Para no hacerle sombra a su hijo, que tuvo que enfrentarse a diez meses sin Gobierno, cuatro elecciones legislativas en cinco años y una crisis institucional en Cataluña, mi rey jubilado se mantuvo discreto. Igual que hizo su padre por él. Pensaba que lograría que el país se olvidara de él. Y yo misma pasé a ocuparme de otros héroes y de otras causas perdidas. Felipe lidiaba con las adversidades, una tras otra, sin descanso. Todo ello le valió algunos cabellos blancos como recuerdo, pero no perturbaron en absoluto su carácter impasible. Lo vi de lejos como encarnaba una Corona virtuosa y meticulosa para dejar atrás el laxismo y la permisividad de su padre. Instauró un código de conducta estricto para la familia real y los empleados de la Casa Real, rebajó su salario un 20 por ciento, encargó una auditoría externa de las cuentas del palacio. Preconizó la transparencia, este simple valor que nadie puede cuestionar, como ocurre con los derechos humanos o el bien común. No obstante, también reivindicó el derecho a una vida privada. Rigor moral en las cuentas de la Casa Real y probidad en su entorno, pero una opacidad total sobre su existencia. Aplicó la transparencia financiera; bloqueó la transparencia personal. Una compensaba la otra. Un rey honesto pero secreto. ¿Sería la clave del éxito?

Actuó como jefe inflexible y retiró sin pestañear el título de duquesa de Palma de Mallorca a su hermana Cristina antes de que compareciera ante los tribunales por fraude fiscal. La infanta ya no acudía a las ceremonias oficiales. Y todavía menos su marido, condenado a seis años de prisión. Una escisión familiar inevitable para preservar el trono. Su sentido del deber es imperturbable. Antes, la Corona reposaba sobre una familia —la pareja Juan Carlos y Sofía, sus tres hijos, los parientes políticos y la plétora de nietos para alegrar las fotos— y Felipe, a partir de entonces, la centró en él, su mujer y sus dos herederas. La arrogancia de la ejemplaridad, la fragilidad de la preponderancia, la soledad en el escenario. Relegados a papeles secundarios, por actuaciones inmorales en el caso de Cristina, por el divorcio en el caso de Elena, o exceso de popularidad en el caso de la perfecta reina emérita Sofía. Quien, a pesar de todo y con su fascinante sentido del deber, continuaba acudiendo a recoger desechos en las playas españolas con un grupo de jóvenes voluntarios. Con ochenta y dos años y bajo un calor tórrido. Una mujer que jamás cometió un solo error, que nunca quiso seducir a los españoles con hermosos vestidos, sino únicamente con sus actos. La encarnación de la dignidad y de la benevolencia. Una *rara avis* dejada al margen. Del clan, dirigido por un *pater familias* que cuidaba de todos, pasamos a unos electrones libres y desvalidos. Como si no hubiera resiliencia posible. Como si la familia real fuese un reflejo del país, desgarrado por el incremento de las corrientes secesionistas y la polarización del panorama político. Algo sorprendente para una España en la que la estructura familiar es casi sagrada, donde varias generaciones a menudo conviven bajo un mismo techo.

Este Rey intransigente no cedió ante los afectos, ni frente a los separatistas catalanes. Felipe VI apretó los dientes cuando, el 27 de agosto de 2017, le abuchearon en las calles de Barcelona mientras presidía una manifestación contra el terrorismo después del atentado que ocasionó dieciséis muertos diez días antes. Primeras señales de un conflicto que estalló abiertamente el 1 de octubre con la organización de un referéndum ilegal sobre la independencia de Cataluña, al que respondió con su primer discurso de hombre de Estado que haría historia. Llevaba las riendas, estoico, encarnando la unidad del país y el respeto de las leyes. No obstante, todo se descontroló cuando menos se lo esperaba.

Lo que tenía que ser una simple reunión amistosa, terminó en un pugilato. La familia real se reunió de manera excepcional al completo en Palma y fueron todo sonrisas en la misa de Pascua de 2018, sellando una reconciliación intergeneracional delante de las cámaras. Unos minutos más tarde, la ilusión se disipó brutalmente: la reina Letizia se enfrentó a la reina emérita Sofía, la abuela preferida de los españoles, emblema irreprochable de la realeza, cuando intentaba posar con sus dos nietas en dos ocasiones frente a los fotógrafos. Felipe trató de mediar, pero no logró imponerse a su esposa. Juan Carlos alzó los ojos al cielo y se alejó, abrumado. El escándalo fue el centro de atención de la prensa durante semanas. Los comunicadores se encargaron de restaurar el prestigio de la joven reina plebeya. Definitivamente, la familia real, como el país, ya no era funcional... Y, en aquel momento, sentí una gran compasión por Felipe, que tanto se esforzaba por estar a la altura de su cargo, pero que no pudo resolver un conflicto que enfrentaba a su mujer y a su madre. Todos los hombres se encuentran frente a esta encrucijada irresoluble, incluso los reyes.

En la víspera del primer confinamiento, el 15 de marzo de 2020, el parricidio hasta entonces simbólico se hizo oficial. La Zarzuela emitió un comunicado en el que Felipe, en su nombre y en el de sus hijas, renunciaba a la herencia paterna. Se habían hecho públicas las cuentas en Suiza de Juan Carlos y, frente a la indignación general, el Rey cortó por lo sano los vínculos financieros con su padre y le retiró su asignación anual. Se convirtió en el único funcionario español a quien se le retiró la jubilación después de más de cuarenta años de servicios leales. Debilitado por su operación a corazón abierto en agosto de 2019, Juan Carlos ya se había retirado de la vida pública. Se rompió la relación institucional y pecuniaria entre el rey en funciones y el rey jubilado. A partir de aquel momento, Felipe se convirtió en «el hijo de nadie». Solo quedaba acabar con la convivencia física para ultimar la escisión. Fue entonces cuando a nuestro héroe le mostraron la puerta de salida de la Zarzuela, su residencia desde hacía cincuenta y siete años. Se había acabado la pensión y se había acabado el techo bajo el que cobijarse. Se convertiría en un soberano sin hogar. La Corona abandonaba a uno de los suyos. ¿Se resistió a emprender la vía de la penitencia? ¿Reconoció sus pecados su hijo decepcionado? Desde entonces, habría un océano de lágrimas, de decepción entre la Zarzuela y él.

Se podría pensar que Felipe es un ingrato. Igual que la mayoría de los españoles respecto a Juan Carlos. ¿Es un hijo indigno con tal de ser un monarca digno? ¿Es el efecto ineluctable del poder sobre los hombres lo que seca sus corazones? ¿O es el sacrificio de los reyes que deben padecer cualquier abnegación por la Corona? Juan Carlos es un rey destronado, pero, ante todo, es un padre repudiado. Quizá su mayor fracaso consista precisamente en esto, en este rechazo. En la cara de la moneda, héroe político; en la cruz, antihéroe patriarcal.

Su salida del país, en la madrugada del 3 de agosto, causó una gran estupefacción. A mí y a España. No cabe duda de que Juan Carlos tiene el don de cogernos desprevenidos. Fue la víspera de mis vacaciones, el cambio de aires que tanto anhelaba después de un largo confinamiento parisino. Al principio, pensé que él también tenía ganas de cambiar de aires, que estaría fatigado de las críticas permanentes en la prensa, herido por la falta de reconocimiento por parte del reino por el que tanto se había esforzado, ofendido por la distancia que la nueva pareja real había instaurado, hastiado por las intrigas de palacio. En los palacios abundan las conjuras y maquinaciones desde que existe la monarquía. Como no hace nada igual que los otros monarcas, como se ha forjado un destino lleno de peripecias, lo atribuí a un enésimo golpe de efecto, a una salida de escena espectacular.

Para el Gobierno, fue un golpe de suerte. Explotó políticamente los errores de Juan Carlos, una distracción que le fue como anillo al dedo para evitar dar explicaciones sobre su gestión de la pandemia o sobre varios escándalos que afectaban a la coalición del Gobierno. Fue también una buena ocasión para clamar contra los «enemigos del pueblo» y sembrar la duda sobre el buen funcionamiento de la monarquía constitucional. Todo ello después de haber jurado sobre la Constitución y delante del Rey para ser ministros. Los españoles también se abalanzaron con ansia sobre la polémica real.

Juan Carlos no cometió ningún crimen penal, ni un asesinato, ni un robo, ni una violación. Aceptó un regalo del rey de Arabia Saudita difícil de rechazar, ocultó el dinero, viajó en avión privado gracias a la generosidad de su primo, utilizó una tarjeta de crédito que le ofreció un amigo empresario para pagar los gastos de su familia, desde el caballo de su nieta a unas vacaciones en Londres de su mujer. Actuó como un hedonista, considerándose intocable, por encima de las leyes. Las cantidades de dinero hirieron a un país en dificultades que, después de vivir a lo grande, tuvo que abrazar dolorosamente la moderación. El tren de vida de Juan Carlos no se financiaba con dinero de los contribuyentes, pero no estaba acorde con lo que vivía España. Pecado de descaro.

Nuestro rey jubilado no vive como la mayoría de sus conciudadanos sino como sus iguales, como los jefes de Estado jubilados que hacen caja con conferencias a precio de oro, como los directores generales de empresas internacionales con hábiles organigramas que permiten la evasión fiscal, como sus primos en sus dominios señoriales. Mi héroe termina su existencia como rey mantenido. ¿Resulta chocante? ¿Habríamos preferido un monarca aburrido y ejemplar? Por supuesto, ahora todos nos hemos convertido en moralistas. Él parece decirnos que la vida es demasiado corta para vivirla de manera irreprensible, que, después de tantos sacrificios y éxitos políticos para España, tiene derecho a vivir despreocupadamente. Como si, al final, buscara renegar de su aura. ¿Es la ociosidad la madre de todos los vicios?

Me pregunto si no es un hombre de negocios frustrado, o incluso fracasado. La adrenalina de la acción política sustituida por la adrenalina de los negocios. ¿Trataba de compensar las humillaciones de su infancia, cuando dependía de ciertos aristócratas que sufragaron su estilo de vida? Recuerdo esta anécdota que me contó antaño: «Para nosotros, el dinero siempre ha sido una fuente de preocupaciones. Tenía cinco o seis años cuando hice el primer mal negocio de mi vida. Fue en Lausana. Un español había venido a ver a mi padre y me regaló una pluma de oro. Delante del hotel Royal donde nos alojábamos, había una tienda de dulces y chocolate. Como nunca tenía ni un céntimo en los bolsillos, se me ocurrió la maravillosa idea de ir a ver al portero del hotel para venderle la pluma. Me ofreció cinco francos y yo fui corriendo a la tienda para comprar dulces. Cuando mi padre lo supo, fue a ver al portero, le dio diez francos y recuperó la pluma. Me dijo con un tono muy severo: "Me has hecho perder cinco francos"». Desde entonces, ¿está enmendando ese error? ¿Todo por esto? Es difícil ser formidable e irreprochable a largo plazo cuando se ha probado todo antes de los cuarenta años.

Después de cumplir su misión histórica, el Rey, relegado a un papel simbólico, encontró otras fuentes de estimulación. «¿O será sencillamente la vejez, la enfermedad, la fatiga, el desengaño que nos dice que si todo es vano, la virtud también lo es?», se pregunta Adriano en *Memorias de Adriano* de Yourcenar. «No deberías haber envejecido antes de ser sabio», le dice el loco al rey Lear. Juan Carlos ha envejecido antes de volverse sabio. O más bien, fue tan sabio durante su juventud que decidió recuperar el tiempo perdido, con el sentimiento de haber cumplido ya su deber. ¿Su asignación anual de doscientos mil euros no bastaba para garantizar el nivel de vida de un clan acostumbrado a un confort cuyo principal proveedor era él mismo? ¿No tenía un patrimonio personal suficiente para sufragar sus caprichos? Es, oficialmente, el único monarca europeo que no posee nada propio. Abundan los rumores sobre el alcance de sus bienes, la herencia de su padre don Juan, los regalos recibidos. En las mejores familias no se habla de dinero en la mesa, y mucho menos en público...

Además de acabar siendo un rey mantenido, mi héroe terminó su carrera de *Libertador* como evasor fiscal. La falta se subsanó cuando pagó los impuestos atrasados gracias a la contribución de amigos fieles y adinerados. La justicia suiza —que ahora lava más blanco que nunca para restaurar la imagen de un país con cajas fuertes bien selladas— y la justicia española trataron de inculparlo, pero, por el momento, la investigación está en un punto muerto. Incluso el juez suizo cerró el caso. Se beneficiaba de la impunidad mientras era jefe de Estado en funciones —una impunidad criticada y criticable, pero inviolable— y, desde su abdicación, se le aplicó la presunción de inocencia. Sin embargo, nuestra sociedad chismosa y acusadora juzga más rápido que la justicia. Sin matices ni ponderación. Y esta voz colectiva tiene más peso que la de un solo magistrado imparcial. Juan Carlos se ha convertido en el chivo expiatorio de una sociedad que antaño era permisiva y ahora se pretende ejemplar.

Nadie se ha arriesgado a defenderlo. Ni siquiera su hijo, que ha heredado sus privilegios, ni su generación, a la que le ofreció la libertad y la estabilidad, ni los directores de empresas a quienes tanto facilitó contratos internacionales. De lejos llegaron algunas voces de unos pocos monárquicos leales; nada significativo. Y la palabra «república» se ha puesto de moda de nuevo, a pesar de que la primera apenas duró dos años tumultuosos (1873-1874) y la segunda acabó, después de cinco años, en una guerra civil.

2

Juan Carlos se había esfumado, pero nadie sabía a dónde. A la estupefacción se le añadió el misterio. Ni siquiera Hollywood habría imaginado un guion semejante: un rey desaparece sin dejar rastro. Se le buscó en Portugal, en la República Dominicana, en Nueva Zelanda, en Marruecos, en un barco. Durante dos semanas, España buscó a su rey. Como cuando Francia buscaba a De Gaulle, que se había ido en helicóptero un día de mayo del 68. La ausencia repentina e inexplicable del padre de la nación tuvo más efecto que un discurso. La Casa Real se enrocó en el silencio, hecho que acrecentó todavía más el suspense. ¿O fue para resaltar mejor su indiferencia sobre la suerte de este ancestro incontrolable e insoportable? «Se trata de un desplazamiento de carácter privado», pretextaba. El país había perdido a su cabeza de turco y se enfrascaba en debates de contabilidad: ¿quién había pagado el viaje y la seguridad? ¿Quién iba a financiar su estancia en el extranjero? Todo parecía mezquino frente a la radicalidad del gesto real: un hombre de envergadura histórica reducido a cálculos de boticario. Fue entonces cuando le escribí una carta, publicada en la prensa española y en la francesa:

Estimada Majestad,
Estimado don Juan Carlos:
Le escribo por este medio, porque se fue sin dejar ninguna dirección.

Parece que ha decidido salir por la puerta de atrás y volver al exilio de su niñez para salvar los muebles, no ser un obstáculo para su hijo y no debilitar a la Corona. Y todo por una mujer veintiséis años más joven, demasiado habladora y manipuladora, y por unas historias de supuestos sobornos de cantidades astronómicas.

Como francesa que creció bajo el mandato de Mitterrand, que tuvo dos familias y que ha estado rodeada de demasiados políticos con una vida personal disoluta, ¡no puedo reprocharle que haya tenido amantes! Aquí nos preocupa que nuestro jefe de Estado, Emmanuel Macron, no tenga ninguna. Como si la conquista del poder fuera necesariamente de la mano con la conquista de mujeres.

¡Y además usted tiene que mostrarse digno de la reputación de ser un Borbón, descendiente de Luis XIV! Pero su corazón no le dictó la elección más sabia. Como si la vejez le hubiera empujado a jugar con fuego, en lugar de jugar a las cartas tranquilamente en casa, con su admirable esposa y sus adorables nietos, con la satisfacción de haber puesto al país en el buen camino de la democracia.

«¡Familias, os odio! Hogares cerrados, puertas selladas, posesiones celosas de felicidad», decía André Gide. Usted también odia las puertas cerradas de palacio. Quizá porque en él pasó demasiados años de soledad, bajo el régimen franquista, vigilado, sin otra opción que esperar el momento oportuno y hacer el recuento de sus aliados y sus enemigos.

La llamada de la aventura prevaleció en usted sobre la prudencia y la decencia. Pero humillar públicamente a la irreprochable reina Sofía figurará siempre en su debe: las españolas sufrieron junto a ella su falta de tacto y discreción. Y desde el momento en que su vida privada afectó a su función como jefe de Estado, también se convirtió usted en una persona reprochable a mis ojos.

Es evidente que ha cometido muchos errores. Pero los españoles también han olvidado que, gracias a sus hermanos árabes, España fue el único país europeo que no sufrió escasez de petróleo durante la crisis petrolera de los años setenta. Usted personalmente negoció con el Rey de Arabia Saudí la entrega de barriles a un precio preferente. Se dice que usted habría recibido algo de dinero por este servicio a la nación, pero en la España de Franco, donde la corrupción estaba extendida, fue algo que pasó desapercibido. Sin embargo, esa fue quizá la primera tentación a la que le fue difícil resistirse y que abrió la puerta a muchas más.

Las relaciones entre las monarquías siguen siendo impenetrables. La única certeza es que la solidaridad entre las familias reales constituye una diplomacia eficaz: acoger al primo exiliado, ayudar económicamente al otro primo en dificultades, enviar regalos extravagantes para reafirmar su propio poder o prestar un servicio... De hecho, los jefes de Gobierno deben estar contentos de pasar sus vacaciones de verano en una villa de Lanzarote que le ofreció su íntimo amigo el difunto rey Hussein de Jordania. ¿Le han dado las gracias, al menos? Hoy en día se han perdido los buenos modales...

De todas formas, usted, el animal político que supo percibir tan bien las expectativas del pueblo español en 1975, no entendió que el país espera ahora transparencia, ejemplaridad y, sobre todo, coherencia entre los discursos y los hechos. Están cansados de los casos de corrupción que afectan a demasiados partidos y a demasiados políticos, que casi nunca presentan su dimisión y mucho menos deciden exiliarse... La dignidad rara vez los salpica.

Es curioso, además, que Pablo Iglesias, cuya relación con la Venezuela de Chávez es conocida, y de quien se sospecha que tiene una caja B, sea el más vehemente contra usted. La introspección no debe de ser su fuerte. Pero no le escribo para echarle un sermón moral, porque la moral cambia según la época. Hace veinte años, por ejemplo, las empresas para las que obtuvo contratos estaban encantadas con usted. Por cierto, no las oímos hablar demasiado del excelente negocio que hicieron... Y ahora, con la pandemia, seguramente se alegrarían si Sánchez o Felipe les abrieran nuevos mercados internacionales.

Después de encarnar «el motor del cambio»; de modernizar España —¿sin usted habrían existido el genio de Almodóvar y la Movida?—; de haber logrado el reto de integrar al país en la Comunidad Europea, que no lo quería en su seno; de asegurar al país tiempos gloriosos —todavía recuerdo con emoción la inauguración de la Expo 92 y los Juegos Olímpicos—; de restaurar el lugar de España en la escena internacional —el discurso escrito por Jorge Semprún, que leyó en perfecto francés en la Asamblea Nacional, cristalizó la excelencia española—; después de todo eso, perdió usted la oportunidad de una salida digna del escenario... Y ha vuelto a conectar con el trágico destino de sus antepasados: su abuelo murió en Roma, amargado por haber abandonado España, y su padre nunca fue rey. Como si no pudiera escapar de la predestinación familiar al sufrimiento.

Uno de sus fallos fue haberse sentido, siendo niño, falto de afecto y de dinero. Mientras sus hermanos y hermanas se mudaban a Estoril con sus padres, usted fue abandonado en un estricto y austero internado suizo. Peor aún, en nombre de la Corona, su padre le envió a los diez años a la España de Franco, el enemigo que le bloqueaba el camino al trono. Le robaron su infancia en nombre de la monarquía. Y ahora también le han robado su jubilación dorada. Nunca tuvo derecho a sentirse mal, aunque estoy segura de que abandonar España le dolió en el corazón.

Su padre dependía financieramente de la generosidad de un puñado de aristócratas y Franco no era generoso con usted. ¡Le racionó el consumo de sodas! Nunca fue un niño mimado; de joven, incluso se quedó usted sin dinero. Y desgraciadamente, para compensarlo, le gusta lo que brilla. Su discurso de ejemplaridad siguió siendo letra muerta hasta que su hijo lo hizo realidad. En esto hay que reconocer que ha acertado con su sucesión.

En cambio, no está usted muy apegado al protocolo monárquico. Estoy acostumbrada a los dorados palaciegos de la República Francesa y al ceremonial pomposo, porque en Francia se le cortó la cabeza al rey, pero se mantuvo el decoro. Por eso, cuando mostré mi sorpresa al verle desembarcar sin ser anunciado, me dijo entre grandes carcajadas: «¡Es cierto que el presidente de la República Francesa vive como un rey más que yo!». Una increíble vitalidad emanaba de sus arranques de risa. Tuvo cuidado en ocultar su sufrimiento relacionado con sus operaciones de cadera. Cada movimiento era doloroso, pero nunca afectaba a su buen humor ni a su cortesía. ¿Es en esto, tal vez, donde reside su grandeza?

Siempre modesto en cuanto a su actividad política, tuve que recordarle constantemente que usted era el héroe del documental que estaba preparando. «Solo cumplí con mi deber», repetía, sin postularse nunca como abanderado de la Transición, reconociendo que había podido contar con auténticos aliados y verdaderos estadistas: Adolfo Suárez, Torcuato Fernández Miranda, Santiago Carrillo, Felipe González o Alfonso Guerra. No abundan los estadistas hoy en día; es una cualidad que ya no está de moda. [...]

Majestad, por favor, tenga paciencia. Mire a Churchill perdiendo las elecciones después de la guerra. O a De Gaulle, expulsado del poder después del Mayo del 68. Y, sin embargo, fueron leyenda. Hoy, tanto la izquierda como la derecha, todos reclaman sus respectivas herencias. Dentro de unas décadas, otra generación de españoles le recordará como el hombre que encarnó la reconciliación, la modernización y la democracia. Y tal vez incluso se lo agradezcan. Mientras tanto, la deshonra es amarga. Pero, al final, su destino siempre habrá sido realmente fuera de lo común.

Pensaba concluir así mi relación con el Rey, que había durado demasiado, seguramente. ¿Por debilidad? ¿Por lealtad ciega? Por mi apego a la Historia en mayúsculas, a la gran política. Por respeto a un tótem, a un padre fundador. Y hay grandeza en el perdón. ¿No se podría medir el poder de una nación por su capacidad de redención? De Gaulle exoneró de la pena de muerte a Pétain, nuestro héroe de la Primera Guerra Mundial y nuestra deshonra de la Segunda, que terminaría finalmente su vida encarcelado en la isla de Yeu. «Es lamentable para Francia, en nombre del pasado y de la reconciliación nacional indispensable, que dejemos morir en prisión al último mariscal», declaró nuestro general respecto a Pétain, quien, sin embargo, era su adversario irreconciliable, y cuya «vejez fue un naufragio». Resulta difícil de aceptar que Juan Carlos, en un crepúsculo con aires de deambuleo amoral, acabe su vida desterrado. Hubo un tiempo en que el monarca enviaba en calesa a un castillo de provincia a los nobles indignos expulsados de la corte; hoy, es al Rey a quien envían en un avión privado a la otra punta del mundo por la presión de las redes sociales. Un estatus en posición precaria.

3

Dos semanas después de su partida, frente a una presión mediática insoportable, finalmente la Zarzuela reveló el nuevo lugar de residencia de Juan Carlos: Abu Dabi. Y, por primera vez, dudé. No entendía esta elección, que percibía como una provocación innecesaria. Sabía que España estaba históricamente vinculada con el mundo árabe en virtud de los ocho siglos de intensa convivencia con Al-Ándalus (entre 711 y 1492), sabía que los jefes de Estado de esa región consideraban a Juan Carlos un «hermano», que había establecido lazos estrechos con algunos de ellos, como el rey de Marruecos o el de Jordania, que había abierto mercados a numerosas empresas españolas, pero de esto a instalarse allí... Mientras que los españoles le reprochaban los cien millones de dólares escondidos en Suiza, que precisamente provenían de Arabia Saudita. ¿Por qué volver a la escena del crimen? ¿Por qué escoger esta cultura, bien alejada de los estándares occidentales de los derechos humanos, para empezar una vida nueva? ¿Por qué recluirse en ese lujo desmesurado, en esa sociedad intolerante? Por ello, ese día Juan Carlos me perdió... La salida de su reino me parecía un contrasentido; su destino, una herejía. Frente a tanta incongruencia, pensé que verdaderamente no iba a cambiar de opinión. Me sentía decepcionada, traicionada. Rafael Spottorno, que tampoco aprobaba esta elección, intentó pese a todo explicarme los vínculos que unían a nuestro rey expatriado con el jeque Mohammed bin

Zayed, un hombre inteligente y visionario, el acuerdo histórico con Israel, la seguridad y la confidencialidad ofrecidas a Juan Carlos, que tendría que hacer malabarismos con la COVID y los paparazzi, la excelencia de sus hospitales. Permanecí impasible ante todos sus argumentos.

Evidentemente, yo habría preferido una decadencia más *old school*: una vieja casa solariega, aislada, un poco decrépita y romántica, con lienzos de Goya y Velázquez, una chimenea, una corte de amigos sofisticados y carentes de vanidad, un ambiente sereno, una vida discreta y apacible. Esperar en el banquillo a que la justicia hiciera su trabajo, que los españoles cambiaran de opinión, que el Gobierno se calmase. Un retiro monacal y bondadoso, que los paparazzi se cansaran de fotografiar tanta futilidad en el día a día del monarca. Una forma de asumir la banalidad de los hechos que le reprochaban —amante y dinero: ¿acaso no es un clásico en la liturgia del poder?— y trivializar el repudio. Juan Carlos escogió una vía radical, incluso extrema. Yo oscilaba entre la decepción y la incomprensión. Crecí en el cercado inocente y privilegiado de las bibliotecas, donde el dinero no era un valor, sino un instrumento de libertad. No estaba preparada para comprender. No quería saber nada más. Salvo un detalle... Y este sería el último, definitivamente.

¿Cómo se las había arreglado Corinna Larsen, su antigua «amiga entrañable» (como se calificaba ella misma) para recibir un regalo del Rey de sesenta y cinco millones de euros en su cuenta en un banco suizo después del escándalo de la cacería del elefante? Podría haber pedido joyas, cuadros, una mansión con piscina, caballos de carreras. Ella prefirió dinero en efectivo, «una donación con un valor sentimental», explicó a la prensa. ¿Una obra de arte no está más cargada de «valor sentimental» que un fajo de billetes? Continuaba: «Me sorprendió mucho. Lo encontré extremadamente generoso y fui a España para darle las gracias». Sin duda, su cortesía y devoción resultaron admirables. Entre tanta alegría y emoción, se olvidó preguntar de dónde provenía el dinero. Aparentemente una nimiedad para ella, pero no para la justicia suiza. De pronto se vio imputada por blanqueamiento de capitales. Y, desde entonces, defiende su causa gracias a una campaña mediática que más bien parece un ajuste de cuentas con la familia real, a fuerza de argumentos a menudo rocambolescos. Fue entonces cuando en la corte de España se ganó el sobrenombre de Corinnavirus.

Corinna Larsen, que todavía trata de que la llamen princesa de Sayn-Wittgenstein, por su segundo exesposo, un aristócrata alemán doce años menor que ella y padre de su hijo, sigue siendo un enigma fascinante. Sus ojos claros almendrados y cautivadores, su boca pulposa y perfilada, su sonrisa de anuncio de dentífrico, su cuerpo de modelo, su impecable *brushing* rubio, sus poses zalameras... podrían hacer de ella una caricatura de alguien mundano que ha logrado hacerse un lugar entre la gente de bien. No obstante, también desempeña un papel lucrativo como intermediaria en asuntos más o menos turbios, con muchos ceros, en Arabia Saudita u otros lugares. Combina olfato para los negocios con el arte de la seducción: una alianza imparable. Ha demostrado tener una eficacia formidable. Se lo debe todo a su tenacidad, a su audacia. Gracias a ella, supe que se puede vivir entre un *pied-à-terre* en Mónaco, un chalet en Suiza y una casa cerca de Buckingham Palace, pasarse semanas en clínicas de tratamientos estéticos, vivir rodeada de una plétora de abogados, asistentes, estilistas, peluqueras, sin ser una actriz ni una celebridad. He querido conocerla para descubrir sus secretos, para comprender los resortes de una Pompadour del siglo XXI. Incluso le pedí una cita para proponerle escribir un libro sobre «profesión: acompañante real», un superventas garantizado. Mi petición fue rechazada. Por desgracia.

4

Al atardecer de uno de estos días tristes y lluviosos de mediados de noviembre en confinamiento, suena mi móvil. No reconozco el número, pero descuelgo por curiosidad.

—¿Laurence?

—Sí.

—Soy Juan Carlos.

—...

—¡El Rey!

—¿Es una broma?

—Te quería dar las gracias por tu artículo. ¿Qué tal? ¿Cómo están tus hijos?

—Vivimos confinados en París, nada especialmente divertido.

—Donde estoy no hay virus.

—Ha tenido suerte... ¡Eso sí que es un verdadero privilegio de rey!

Siguieron varios intercambios espontáneos, sobre uno u otro tema. Recuerdo algunos fragmentos:

—¿No se siente solo?

—Tengo buenos amigos aquí.

—¿Volverá pronto?

—Realmente no lo sé. ¡Algunos están muy contentos de que me haya ido!

—Pero qué idea la de irse, francamente... ¡No dejo de preguntarme quién se lo ha aconsejado!

—Me estaba enfrentando a muchas presiones.

—Imagino que el Gobierno le habrá insistido a su hijo, pero no debería haber cedido. Se presenta este gesto como una prueba de la solidez de la monarquía, pero yo lo veo como una prueba de debilidad. Cuando se es jefe de Estado hay que saber resistir la corriente. Usted lo sabe bien. Si hubiera escuchado la opinión pública, no habría designado jamás a Adolfo Suárez jefe del Gobierno para la Transición, ni tampoco habría legalizado el Partido Comunista. Incluso es posible que, sin usted a su lado, sin su legado político y simbólico, Felipe sea más débil frente a los republicanos.

La crítica resulta fácil cuando no se está al mando, confrontado con la implacabilidad de las decisiones.

—¿Por qué se fue a Abu Dabi? Pudo irse de la Zarzuela e instalarse en Galicia, por ejemplo, donde tiene a sus amigos navegantes y su barco.

—Los periodistas me habrían perseguido por todas partes. Aquí, no estorbo a la Corona.

Comprendo que no se quiere convertir en una Lady Di versión abuelito y que prefiere que lo olviden para dejar a su hijo reinar en paz.

—Y ¿tú qué haces? Cuéntame.

Sigue interesándose por los demás, hecho que siempre me ha parecido sorprendente.

—Tengo una vida muy normal y aburrida. Me ocupo de mis hijos, hago la compra muy a menudo porque los restaurantes están cerrados, escribo, espío a los vecinos de enfrente, leo, duermo con mi gato, miro como cae la lluvia, con aflicción. El confinamiento me ha convertido en una mujer hogareña, tediosa y a veces triste.

Espero suscitar en él un poco de compasión... Yo sueño con un paseo al sol sin mascarilla, y él, con volver al invierno madrileño. Es el mundo al revés.

—¡Es usted el único que se impacienta por ir a España! Está la COVID, la crisis... ¡Ese país ya no es un sueño! Todos querríamos escapar de la pandemia, y usted, usted quiere volver.

Creo que incluso le digo que nadie le espera en España, ni el Gobierno, ni su hijo, ni la opinión pública.

—No puede volver tan brutalmente como se fue.

—¡Solo tengo que subirme a un avión!

Es verdad que nada le impide volver a su casa, ninguna imputación, ninguna condena. No está exiliado, sino expatriado, de manera provisional e indefinida.

—Tendría que hablar con los españoles, necesitan comprender. Tiene que justificarse. Todos merecemos explicaciones. Y piense en construir su leyenda, Majestad. Nadie lo hará por usted.

—Las instituciones que he dejado deberían bastar. Hablan por sí mismas. Aunque es verdad que resulta más fácil destruir que construir instituciones.

De Gaulle en la Boisserie, Napoleón en Santa Helena, Churchill en Chartwell. Grandes jefes de Estado que se han visto recluidos para hacer balance de su vida. Un paso obligado para pasar a formar parte de la Historia. ¿Comenzará al fin este diálogo consigo mismo? ¿Habrá algún día un Juan Carlos en Abu Dabi?

Sigue ocupando un lugar destacado en los medios de comunicación españoles, que permanecen atentos a que el Rey emérito no se beneficie de ningún tratamiento de favor. Varios ayuntamientos se empeñan en rebautizar las calles y las plazas que llevaban su nombre. Se hace limpieza, se elimina toda impureza simbólica, pero el país está obsesionado con Juan Carlos. Su sombra se cierne todavía y siempre sobre el país, aunque esté en la otra punta del mundo, haciendo penitencia en una prisión dorada. En Francia, se garantiza un cierto estatus a los antiguos jefes de Estado, e incluso se les suele apreciar más cuando dejan de estar en el poder: disponen de despacho, secretariado, chófer, guardaespaldas, residencia oficial, viajes gratuitos, asiento en el Consejo Constitucional... Incluso cuando están imputados. Los franceses aceptan estos privilegios como un derecho adquirido, ganado a base de campañas electorales. En España, el servicio de seguridad del que se beneficia el Rey emérito es una fuente de debates: ¿deben los españoles financiar con su dinero este servicio? Quizá Juan Carlos debería ir en bicicleta, responder él mismo su correo y hacer cola en el supermercado. Como en los países nórdicos, protestantes y virtuosos. Convertirse en un ciudadano normal. Pero este monarca, aunque esté jubilado, aunque lo critiquen y aunque sea un rey caído, impresiona. Y me ha impresionado. Cruzarse con Hollande o Sarkozy no produce el mismo efecto. Tienen un trato agradable y aventuras amorosas, como Juan Carlos, pero carecen de aura. Aun cuando el Elíseo goza de más protocolo que la Zarzuela. Son astutos gestores del poder. No llevan la Historia consigo. No han cambiado la faz de Francia. Juan Carlos encarna la España democrática. Casi siento vergüenza de España, que actúa como digna heredera de la Inquisición y no se preocupa en absoluto de la imagen que proyecta en la escena internacional. Si tuviera un accidente, ¿se quejarían los españoles al recibir la factura del hospital o por tener que repatriarlo?

Es domingo y vuelvo del mercado. Me hallo atareada en la cocina. Suena el teléfono. Evidentemente, está en lo más hondo de mi bolso. Me exaspero y lo descuelgo sin mirar quién llama.

—Estoy leyendo un artículo en el que dices que, si hubiera muerto antes de la cacería de Botsuana, habría muerto como un héroe. Pero me encuentro bastante bien, ¿sabes? —me dice jovial.

Me siento terriblemente avergonzada. No me imaginaba que leyera los artículos que escriben sobre él. Le respondo balbuceando:

—De verdad creo que pasó de héroe a paria después de la cacería, y debió de ser un golpe bastante brusco para usted.

Llamadas sin previo aviso, conversaciones por WhatsApp. Estamos igualmente confinados, él en el desierto y el lujo, yo en un París en una concha vacía. Él está pagando por sus negocios, y nosotros por maltratar el planeta. Todos estamos en un estado de contrición en un mundo en suspenso. Su destino, al fin y al cabo, es tan incierto como el nuestro.

No puedo evitar ser moralizadora, incluso con él:

—Majestad, no hay que cazar más, ya no es una actividad políticamente correcta. Incluso el Elíseo ha tenido que cesar las cacerías. Y las cazas de montería están muy mal vistas. Hoy en día hay que comer verduras ecológicas y conducir coches eléctricos. Tiene que adaptarse a los nuevos tiempos... ¡Ya no se vive como en los años ochenta! Los valores han cambiado.

Le pregunto si hace como todo el mundo, si ve series. Sigue las noticias por televisión, pero nunca ha visto una serie. Me quedo atónita. Desde el confinamiento comento series, ando al acecho de recomendaciones de series, mi mundo gira alrededor de las series. Qué se le va a hacer, no hablaré con él de la última temporada de *The Crown*. Me habría gustado saber qué pensaba de la puesta en escena que han hecho de sus primos. Se mueve definitivamente en otro mundo, allí donde Netflix no ha monopolizado el tiempo mental disponible.

Se lo anuncio de todas maneras.

—Estoy escribiendo un libro sobre usted.

—Es una gran idea.

Aquí nos quedamos. ¿Y si, finalmente, no tenía nada más que añadir...? Es difícil salir de la Historia.

VIII
¿Es la isla de Elba o la de Santa Helena?

2021

1

A priori, de los Emiratos Árabes Unidos, me molesta todo: el lujo desacomplejado, la hipermodernidad arrogante, el calor sofocante del verano, el vértigo que producen los edificios, la monarquía autocrática, la costa artificial... Demasiados estereotipos que me alejan de esta parte del mundo. Una nación que tiene apenas cincuenta años, compuesta en un 90 por ciento por inmigrantes, ¿puede realmente ser un país o es más bien un asentamiento ideal para hacer negocios? Después vino la pandemia, que me descolocó. Todas mis certidumbres volaron por los aires. Cada ola de COVID se llevaba consigo una plétora de convicciones: europea convencida, no tenía más remedio que constatar que Europa no tenía suficientes vacunas; parisina de corazón, no tenía más remedio que constatar que mi ciudad se volvía fea, sucia y disfuncional; de carácter solitario, no tenía más remedio que constatar que mis amigos eran la luz de mis días. Me había equivocado con todo. Y ¿también con el Rey? Para acabar con el inmovilismo, la desgana, Zoom y los certificados, me largué. Alentada por mi cuñado Franklin y los amigos que me recibían con la sonrisa y la energía de antaño, de prepandemia, me fui a enfrentarme a ese otro universo, eficaz, práctico, efervescente, que vacunaba tan rápido como construía. Llegar a los Emiratos Árabes Unidos, tras un año de confinamiento, es como aterrizar en otro planeta. Un *Far West* del desierto hecho de autopistas de cinco carriles medio vacías, de centros comerciales, edificios que proliferan como setas. Un territorio que nos echa en cara su vitalidad y modernismo mientras que nosotros hemos cesado de progresar.

Me reencuentro con mi rey expatriado. Liberado de su imagen y de su reino. ¿Está disfrutando de una segunda juventud? ¿O languidece lejos de los suyos? Ya no se filtra ninguna información oficial sobre Juan Carlos. Los rumores y las falsedades de la prensa compensan el silencio impuesto por la Casa Real. Como si pudiera tener efectos reparadores. El olvido como prueba de la respetabilidad recuperada.

Esperaba encontrarlo en un palacio emiratí un poco *kitsch*, una mini-Zarzuela en medio de la arena. Un palacio, probablemente, más moderno y lujoso que la versión madrileña, pero con una coreografía idéntica de la guardia en la entrada, un jefe de la Casa Real como intermediario, un ballet de mayordomos y edecanes, con citas programadas en un gran despacho y sonrisas falsas. Imaginaba que mi rey seguía siendo un soberano, en un castillo, incluso en el otro extremo del mundo; que se había ido precisamente para seguir siendo un monarca respetado. Creía que, a diferencia de España, donde lo habían atacado demasiado, aquí el Rey era tratado con las consideraciones debidas a su rango por unos jeques que tenían sentido de la amistad y el honor, y a quienes no les importaban los impuestos. Un rey perseguido por su Ministerio Fiscal les debe parecer una situación surrealista. Por suerte, estaban allí para reparar la ingratitud y la mezquindad de la vieja Europa. Pero mi héroe ha escogido un lugar discreto, alejado, y yo me siento desconcertada.

El Rey está de espaldas, sentado a la mesa. Está inclinado sobre una tableta. Preside una larga mesa cubierta de papeles, periódicos y dosieres. Se vuelve. Es el mismo. Abre los brazos. Me acerco, con la mascarilla. Pensaba hacerle una reverencia de lejos, para mantener las precauciones sanitarias. Me dice que me saque la mascarilla y que vaya a abrazarlo. Con él hay que vivir como antes. Siempre le ha gustado el riesgo. Hasta el punto de aceptar recibirme. La sensatez, la prudencia, los cálculos, ni siquiera debe de estar familiarizado con ello. Hace un año que no abrazo a mis amigos. Gracias a él, reconecto con aquella sensación casi fugaz de proximidad e intimidad olvidadas. Reencuentro al hombre espontáneo y cálido. En este sentido, no ha cambiado en absoluto. No tiene miedo de la COVID, y de todas formas ya está vacunado. ¿Algún día de su vida habrá conocido el temor? Conserva ese aplomo que desprende una fuerza indomable. Esa mezcla de autoridad y bonhomía que constituye su encanto.

El Rey no está vestido de rey. Ni siquiera lleva camisa. Definitivamente, el confinamiento ha tenido un impacto indumentario en todos. Lleva un polo blanco demasiado grande, un chaleco ligero sin mangas, un pantalón de algodón y unas zapatillas negras. Se podría confundir con un turista estadounidense, como si fuera un banquero de Manhattan jubilado que se pasea por Florida. No tengo claro si el polo es demasiado grande o si ha adelgazado muchísimo. «He perdido doce kilos», se jacta. Sin embargo, ha olvidado cambiar la talla de ropa. Ya no tiene en absoluto el rostro inflado por los medicamentos. Sigue teniendo las manos igual de finas, igual de cuidadas. Exhibe un aspecto sereno y un rostro sano, ligeramente bronceado. Lo único que me sorprende son sus ojos. Antaño de un azul deslumbrante, ahora sus pupilas tienen un velo gris claro. El tiempo palidece los colores. Y el asomo de tristeza que antes se podía entrever es ahora flagrante. Por suerte, su risa de niño, franca, dulce, ilumina de tanto en tanto la estancia. Como para señalar que su fuerza vital sigue intacta a pesar de los reveses del destino. Solo cuando se levanta de la silla y empieza a caminar advierto su debilidad física. Las varias prótesis le han dejado secuelas en la movilidad. Se levanta a duras penas y avanza con paso incierto con la ayuda de un bastón. Es entonces cuando aparece el peso de su pena y su suerte. No obstante, contra viento y marea, conserva sus modales de caballero. Aquí, el protocolo, los honores y la preminencia han desaparecido, pero la cortesía perdura. Las buenas maneras desafían el infortunio; la galantería del siglo pasado resiste a las costumbres igualitaristas e inclusivas de hoy. Lo reconozco: sigo siendo sensible a estas consideraciones.

Juan Carlos no oculta su aflicción. No sale con evasivas. Su alejamiento no le impide estar informado de todo, en todas partes. España, evidentemente, está en el centro de sus preocupaciones. El futuro de la monarquía es su inquietud principal. Pone las cartas sobre la mesa; habla abiertamente de la delicada situación en la que se encuentra. Y, con cierto pudor, de los amigos que le han dado la espalda. Incluso aquellos que le deben riqueza y popularidad. Sus palabras no destilan resentimiento en ningún momento. No se queja de nada, solo constata, resignado. La infanta Pilar sin duda tenía razón. En esta familia nunca se lamentan. ¿Es la misa de la Zarzuela, que sigue por internet, lo que le aporta esta serenidad? Me divierte verlo utilizar con familiaridad la tableta, WhatsApp, Zoom... Un rey de ochenta y tres años que está al día. Su capacidad de adaptación a todas las situaciones, desde su infancia, resulta impactante. También a todos los reveses de la suerte. Se enfrenta a ellos con dignidad; posee la fuerza de los supervivientes.

—¿Qué es lo que más extraña de España?

—¡La comida!

Me confiesa como si se tratara de un secreto que un cómplice le envía jamón serrano. Este es su pequeño capricho que apenas colma la nostalgia que siente por su país, sus amigos, las competiciones náuticas, las buenas comidas, su casa.

A falta de poder hablar de su futuro —un futuro incierto, en suspenso—, recordamos el pasado:

—¿Qué le proporcionó el Caudillo?

—Una clase media. Sin ella, no podría haber hecho la Transición...

Conserva esta capacidad de concisión fulgurante, clarividente. Yo había fantaseado con la grandeza de la Corona, con la política virtuosa de un hombre de Estado. Había fantaseado con su vida novelesca, con sus cambios, sus amantes, sus negocios, sus cómplices, sus hazañas y sus decepciones. Había fantaseado con su viaje a Oriente. Entre un cuento de *Las mil y una noches* y el viaje de Flaubert. No obstante, una vez allí, no veo más que incongruencias. Todo me parece aberrante en esta penitencia real. Salvo su actitud, siempre digna, combativa, y su espíritu, mordaz y vivo. Claramente debía resolverme a enterrar mis ilusiones de juventud, aquellas sobre la nobleza y la desenvoltura en política. Y aceptar que el mundo no sigue girando como antes. Que incluso deja caer a los héroes, desgastados y pasados de moda. Tendría que haberme emocionado, enternecido. No obstante, solo la evolución normal de las cosas, como la vejez, puede suscitar este sentimiento de compasión o identificación que apacigua. Me entristece verlo en este entorno, constatar que está tan desvalido, abandonado. Esta es la verdadera soledad, cuando ya no puede contar con la benevolencia del propio país. Un rey sin reino, un rey desarraigado, es la personificación de lo trágico. Aunque algunos conserven títulos rimbombantes y joyas. Han perdido su anclaje histórico, su razón de ser. Encarnan el rechazo. Con todo, Juan Carlos no reconoce la derrota. A pesar de todo, continúa inquebrantable.

Vine aquí buscando luz y vitalidad. Vine a reencontrar mi figura referente. Me voy desorientada. Dejando atrás a un gran hombre mermado, abandonado a sus faltas y debilidades.

2

Unos días más tarde, lo llamo para verlo de nuevo. Mi llamada llega en mal momento. Todavía está muy afectado por el entierro del príncipe Felipe de Inglaterra, su primo político.

—Fue soberbio, verdaderamente emotivo y elegante.

—En España también se entierra bien.

—El entierro de mi padre fue muy hermoso. Ahora, debo pensar en el mío.

¿España le organizará un funeral a su altura?

¿Quién asistirá?

Agradecimientos

En primer lugar, le debo este libro a mi madre, Elizabeth Burgos, que me abrió las puertas de España.

También se lo debo a mis editores franceses, Manuel Carcasonne y Alice d'Andigné, siempre amistosos, estimulantes y benévolos, que han apoyado este proyecto con entusiasmo, a pesar del «contexto».

He tenido la suerte de poder contar con la amistad infalible de Alfonso Guerra, la eficacia y fiel disponibilidad de Consuelo Saizar, con los comentarios agudos de Rafael Spottorno, con los ánimos de Alexandre Adler, con la lectura atenta de Jean-Noël Pancrazi. Han sido unas buenas y tranquilizadoras hadas madrinas que han velado por mi trabajo. Es muy valioso saberse apoyada.

Agradezco a Fabienne Servan-Schreiber y a Miguel Courtois que hicieran posible mi primer encuentro con el Rey para nuestro documental, y a Edward Smith —¡un amigo de hace cuarenta años!— el haberme guiado con entusiasmo por los Emiratos Árabes Unidos.

Le debo un reconocimiento infinito a Verena Tremel, mi profesora de pilates, por haberme salvado en el confinamiento, a mi proveedor de droga chocolateada, Ambre&Sucre, por haber satisfecho mis necesidades regularmente, y a la cálida familia Binebine por haberme ofrecido un puerto base marroquí excepcional.

Por último, agradezco a Karin Taylhardat su cuidadosa relectura de la traducción.

«Para viajar lejos no hay mejor nave que un libro».

EMILY DICKINSON

Gracias por tu lectura de este libro.

En **penguinlibros.club** encontrarás las mejores
recomendaciones de lectura.

Únete a nuestra comunidad y viaja con nosotros.

penguinlibros.club

 penguinlibros